KARL A. DOSTAL

KEINE BEISTRICHFEHLER MEHR

Karl A. Dostal

Keine Beistrichfehler mehr

Vollständige Interpunktionslehre
mit Übungsaufgaben und Lösungen

2. Auflage
(nach den neuen Rechtschreibregeln)

Die Deutsche Bibliothek – CIP Einheitsaufnahme

Dostal, Karl A.:
Keine Beistrichfehler mehr : eine vollständige Beistrichlehre; nach der neuen Rechtschreibung / Karl A. Dostal. – Wien: Leitner, 1996
2. Auflage 1996
ISBN 3-85157-072-3

Umschlagentwurf: Gerri Zotter
Gesamtherstellung: Wiener Dom-Verlag, Wien

ISBN 3-85157-072-3

Inhaltsverzeichnis

Zeichenerklärung:

R 4 = Rechtschreibregel Nummer 4
Ü 4 = Übungsaufgabe Nummer 4
L 4 = Lösung der Übungsaufgabe Nummer 4

Vom Sinn der Satzzeichen

Die Zeichensetzung (Interpunktion) ist wie die gesamte Rechtschreibung eine Übereinkunft und genau geregelt. Für das ganze deutsche Sprachgebiet gelten die Regeln, die 1996 beschlossen wurden und ab 1998 verbindlich sind. Trotzdem gehören Verstöße gegen die Zeichensetzung zu den häufigsten Fehlern.

Wäre es da nicht angebracht, das Setzen von Beistrichen und anderen Satzzeichen dem Schreibenden zu überlassen? Diese Frage muss verneint werden, denn wäre die Zeichensetzung freigestellt, dann wäre dies gewiss nicht der Himmel auf Erden, sondern eine Quelle von Missverständnissen, denn durch die Satzzeichen ändert sich der Sinn des Satzes.

Sie glauben es nicht? Bitte, hier einige Beispiele:

Ein Student schreibt in einem Brief an seine Eltern:

„Ich habe den Brief nicht aber das Geld erhalten."

Was hat er nun erhalten, den Brief oder das Geld?

Sollte es heißen

„Ich habe den Brief, nicht aber das Geld erhalten."

oder

„Ich habe den Brief nicht, aber das Geld erhalten."?

Ein anderes Beispiel (die Geschichte muss nicht unbedingt wahr sein!):

Vor langer Zeit wurde ein Mann eines schweren Verbrechens angeklagt und zum Tode durch den Strang verurteilt. Er legte Berufung ein, aber er bekam nicht Recht. Schließlich wurde der Fall dem König vorgetragen, er sollte von seinem Gnadenrecht Gebrauch machen.

Schon wurde der Verurteilte zum Galgen geführt, da brachte ein Bote ein Schreiben des Königs, der sich inzwischen von der Unschuld des Verurteilten überzeugt hatte. Das Schreiben lautete kurz: „Wartet nicht, hängen!" Daraufhin wurde das Urteil vollstreckt.

Ein Schreiber des Königs hatte aber den Beistrich falsch gesetzt. Es sollte nach der Absicht des Königs richtig heißen. „Wartet, nicht hängen!"

Der falsch gesetzte Beistrich führte also zum Tode des Angeklagten.

Die Satzzeichen gliedern den Satz, verdeutlichen den Satzbau und erleichtern dadurch das Lesen, denn was man beim Sprechen durch Pausen, durch die Betonung, durch die Satzmelodie ausdrücken kann, muss bei der schriftlichen Kommunikation durch die Satzzeichen geschehen.

Der folgende Text von Thomas Mann möge Sie davon überzeugen. In ihm wurden alle Satzzeichen weggelassen. Sie können an dem Text auch überprüfen, wie sicher Sie im Setzen der Satzzeichen sind, in dem Sie die fehlenden Satzzeichen ergänzen. Die Lösung der Aufgabe finden Sie im Anhang dieses Buches (L 1).

Ü 1 Der Schriftsteller

Spinell hieß der Schriftsteller der seit mehreren Wochen in Einfried lebte Detlev Spinell war sein Name und sein Äußeres war wunderlich Man vergegenwärtige sich einen brünetten am Anfang der Dreißigerjahre und von stattlicher Gestalt dessen Haar an den Schläfen schon merklich zu ergrauen beginnt dessen rundes weißes ein wenig gedunsenes Gesicht aber nicht die Spur irgendeines Bartwuchses zeigt Er war nicht rasiert man hätte es gesehen weich verwischt und knabenhaft war es nur hier und da mit einzelnen Flaumhärchen besetzt Und das sah ganz merkwürdig aus Der Blick seiner rehbraunen blanken Augen war von sanftem Ausdruck die Nase gedrungen und ein wenig fleischig Ferner besaß Herr Spinell eine gewölbte poröse Oberlippe römischen Charakters große kariöse Zähne[1] und Füße von seltenem Umfang Einer der Herren mit den unbeherrschten Beinen der ein Zyniker[2] und Witzbold war hatte ihn hinter seinem Rücken der verweste Säugling getauft aber das war hämisch und wenig zutreffend Er ging gut und modisch gekleidet in langem schwarzem Rock und farbig punktierter Weste

Er war ungesellig und hielt mit keiner Seele Gemeinschaft Nur zuweilen konnte eine leutselige liebevolle und überquellende Stimmung ihn befallen und das geschah jedesmal wenn Herr Spinell in ästhetischen Zustand[3] verfiel wenn der Anblick von irgendetwas Schönem der

---

[1] Karies = Zahnfäule

[2] Zyniker = Anhänger einer altgriechischen Philosophenschule, die auf äußeren Anstand keinen Wert legte; frecher Spötter

[3] schwärmerischer Zustand (Ästhet = Freund des Schönen)

Zusammenklang zweier Farben eine Vase von edler Form das vom Sonnenuntergang bestrahlte Gebirge ihn zu lauter Bewunderung hinriss Wie schön sagte er dann indem er den Kopf auf die Seite legte die Schultern emporzog die Hände spreizte und Nase und Lippen krauste Gott sehen Sie wie schön

Die meisten Schwierigkeiten macht ohne Zweifel der Beistrich (das Komma), weil seine Aufgaben sehr vielfältig sind und es daher eine Reihe von Regeln gibt, die beachtet werden müssen. Welche Aufgabe hat der Beistrich im Satz? In erster Linie ist er dazu da, den Satz zu gliedern. Er soll die Struktur des Satzes kenntlich machen, Zusätze verdeutlichen, Aufzählungen von Wörtern und Wortgruppen unterteilen und dergleichen mehr. Daneben aber dient der Beistrich der Bezeichnung der Sprechpausen. Diese Aufgaben, die Kennzeichnung des Ablaufs der Rede und die Kennzeichnung des Satzbaues, stimmen aber nicht immer überein. Manchmal muss beim lauten Lesen auch dann eine Sprechpause gemacht werden, wenn kein Beistrich steht, und umgekehrt. Die Beistriche und anderen Satzzeichen nach dem „Gefühl" zu setzen, führt daher nicht immer zur richtigen Zeichensetzung, auch wenn das Sprachgefühl noch so ausgeprägt ist.

Die Regeln der Zeichensetzung zu kennen und ihre Anwendung zu üben, ist daher unerlässlich, wenn man auf die richtige Schreibung Wert legt.

Beim Lernen der Regeln zur Zeichensetzung kommt es freilich auch darauf an, dass man sie versteht, das heißt, man muss wissen, was mit den grammatischen Fachausdrücken, die in der Regel genannt werden, gemeint ist.

Es ist daher unumgänglich, den Benützer des Buches auch über einige grammatische Grundbegriffe zu informieren. Solche Exkurse werden im Buch besonders gekennzeichnet.

Ansonsten wird deduktiv vorgegangen: Auf die Darbietung der Regel folgen Beispiele, daran schließen sich Übungsaufgaben an, deren Lösungen im Anhang des Buches nachgeschlagen werden können. Den Abschluss bildet ein ausführliches Wort- und Sachregister.

Der Beistrich im einfachen Satz

Sätze sind gegliederte Sinneinheiten. Am Ende eines ganzen Satzes steht – je nach dem Inhalt des Satzes – ein Punkt, ein Rufzeichen oder ein Fragezeichen.

Einfache Sätze stehen im Gegensatz zu den **zusammengesetzten** Sätzen. Als **einfache Sätze** bezeichnet man in der deutschen Grammatik solche Sätze, die für sich allein stehen können und nicht aus mehreren Teilsätzen zusammengesetzt sind.

Die nachstehende Gegenüberstellung möge dies verdeutlichen:

EINFACHE SÄTZE	ZUSAMMENGESETZTE SÄTZE
Bei körperlichen Anstrengungen erhitzt sich unser Körper. Dann beginnen wir zu schwitzen. Die Schweißdrüsen in unserer Lederhaut sondern Schweiß ab. Der Schweiß verdunstet an der Hautoberfläche. Wir empfinden das als Abkühlung. Auch das Blut in unserer Haut kühlt dabei ab. Es bringt die Abkühlung auch ins Innere des Körpers. Bei Kälte droht der Körper auszukühlen. Da zieht sich die Haut zusammen. Wir bekommen eine „Gänsehaut“. Dabei verengen sich die Hautäderchen. Sie werden weniger durchblutet. Die Körperwärme bleibt auf diese Weise erhalten. Gegen die Winterkälte kann sich unsere Haut nicht genügend schützen. Wir tragen daher wärmende Kleidung.	Wenn sich unser Körper durch körperliche Anstrengungen erhitzt, beginnen wir zu schwitzen. Dabei sondern die Schweißdrüsen, die sich in unserer Lederhaut befinden, Schweiß ab. Verdunstet der Schweiß an der Hautoberfläche, empfinden wir das als Abkühlung. Auch das Blut in der Haut kühlt dabei ab, es bringt die Abkühlung ins Körperinnere. Wenn bei Kälte der Körper auszukühlen droht, zieht sich die Haut zusammen(,) und wir bekommen eine „Gänsehaut“. Sie entsteht dadurch, dass sich die Äderchen in der Haut verengen. Obwohl die Haut weniger durchblutet wird, bleibt die Körperwärme erhalten. Da uns die Haut gegen die Winterkälte nicht genügend schützt, tragen wir wärmende Kleidung.

Die erste Beistrichregel lautet:

Zwischen gleichrangigen (nebengeordneten) Wörtern oder Wortgruppen steht im Allgemeinen ein Beistrich (Komma). Für solche Aufzählungen können alle Wortarten verwendet werden.

Beispiele:

1. Linz, Graz, Salzburg, Innsbruck, Bregenz, Klagenfurt, St. Pölten, Eisenstadt sind Landeshauptstädte.
(Beistrich zwischen Hauptwörtern)

2. Er kam, sah, siegte.
(Beistrich zwischen Zeitwörtern)

3. Ilse liebt einen Strand mit körnigem, feinem Sand.
(Beistrich zwischen Eigenschaftswörtern)

4. Das Haus wurde vorne, hinten, innen und außen renoviert.
(Beistrich zwischen Umstandswörtern)

5. In den engen Basaren drängten sich Touristen aller Sprachen und Länder, zerlumpte Kinder, Händler mit Körben, verschleierte Hausfrauen.
(Beistrich zwischen Wortgruppen)

Aus den Beispielen ist zu ersehen, dass es sich bei Aufzählungen zumeist um Wörter gleicher Art handelt. Damit Sie die Wortarten erkennen und benennen können, folgt nachstehend eine
Übersicht über die Wortarten:

Zeitwörter (Verben) sagen uns, was geschieht. Sie drücken eine Tätigkeit, einen Zustand, einen Vorgang aus.
Die Wörter

lesen, schlafen, öffnen, denken, schreiben, glauben u. dgl.

sind daher Zeitwörter.

An der Form des Zeitwortes erkennt man, in welcher Zeit das Geschehen abläuft:

Ich **gehe schlafen**.
Ich **bin schlafen gegangen**.
Ich **werde schlafen gehen**.

Im Satz ist demnach das Zeitwort der Träger des Geschehens.

Mittelwörter (Partizipien) sind besondere Formen des Zeitwortes:

lobend, schlafend, schwimmend, lesend (1. Mittelwort);
gelobt, geschlafen, geschwommen, gelesen, angekommen, abgelegt, verdaut (2. Mittelwort).

Hauptwörter (Substantive, Nomen) sind Namen für Lebewesen, Dinge, Begriffe, Orte, Länder:

Vater, Erich, Tisch, Wahrheit, Wien, Österreich, Million u. dgl.

Auch die Hauptwörter verändern im Satz ihre Form:

Wegen des wertlosen **Kugelschreibers** gerieten die Buben in Streit.

Eigenschaftswörter (Adjektive) kennzeichnen die Eigenschaften der Dinge, Personen, Begriffe nach ihren Merkmalen. Zu ihnen gehören auch die sogenannten „Zahladjektive".

lieb, groß, klein, alt, traurig; zwei, genug, viel, nichts u. dgl.

Eigenschaftswörter verändern im Satzzusammenhang wie Hauptwörter ihre Form, eine Ausnahme bilden nur einige Zahladjektive.

Er starb nach **langem**, **schwerem** Leiden.

Fürwörter (Pronomen) können Hauptwörter vertreten oder begleiten. Sie geben auch das grammatische Geschlecht an:

ich, du, er, sie, es, wir, ihr, sie, mein, dein, sein, mir, ihm, ihn, dieser, jener, welcher, einander, viele, wenige, alle u. dgl.

Sie verändern im Satzzusammenhang wie Hauptwörter ihre Form:

Sie öffnete **ihm**. **Mein** Vater ging mit **meiner** Schwester spazieren.

Das Geschlechtswort (der Artikel) begleitet das Hauptwort und gibt ebenfalls das grammatische Geschlecht an:

der (Kranke), **die** (Frau), **das** (Unglück), **der** (Hut) **des** (Vaters), **das** (Buch gehört) **dem** (Lehrer), (sie hat) **den** (Lehrer gesehen), **ein** (altes Haus) u. dgl.

Zahlwörter (Numeralien) geben die Menge an und vertreten manchmal ein Hauptwort. Ihrer Funktion nach sind Zahlwörter jedoch Eigenschaftswörter, Fürwörter, Umstandswörter oder Hauptwörter.

null, zwei, sieben, (der) Erste, zweimal, einfach, dreifach, viele, manche, mehrere, (die) Million, (das) Dutzend u. dgl. m.

Vorwörter (Präpositionen) lassen das Verhältnis zwischen dem Hauptwort und den übrigen Satzteilen erkennen:

auf (der Straße), während (des Spiels), in (der Wohnung), wegen (des Geldes) u. dgl.

Umstandswörter (Adverbien) kennzeichnen im Satz die näheren Umstände des Geschehens (den Ort, die Zeit, den Grund, die Art und Weise):

hier, da, dort, rechts, links, oben, unten, . . .
gestern, ehemals, dann, bald, vorher, . . .
gern, anders, umsonst, vermutlich, . . .
darüber, deshalb, folglich, sonst, hierzu; dreifach, vielfach, . . .

Bindewörter (Konjunktionen) verbinden Satzteile oder Sätze miteinander. Sie können nebenordnend oder unterordnend verwendet werden.

Nebenordnende Bindewörter verbinden Satzglieder oder Hauptsätze gleichen Grades miteinander:

und, oder, auch, wie, sowie, doch, sowohl – als auch, aber, dann, daher, damit, infolgedessen u. dgl.

Unterordnende Bindewörter verbinden Hauptsätze mit Gliedsätzen (Nebensätzen):

weil, dass, als, wenn, ob, während, ob, obzwar, da, um u. dgl.

Ausrufwörter (Interjektionen) drücken ohne sprachliche Formung Empfindungen, ein Begehren, Aufforderungen, Tierlaute oder andere Laute aus:

au, oh, aha, hm, klirr, miau . . .

Setzen Sie in den folgenden Sätzen zwischen den Gliedern einer Aufzählung die fehlenden Beistriche ein! Vergleichen Sie mit den Lösungen! (L 2) **Ü 2**

In den chemischen Fabriken entstehen aus dem Rohöl durch Reinigen Entwässern Entsalzen Befreiung von leicht verdampfenden Kohlenwasserstoffen dann Gase Benzin Petroleum Dieselöl Heizöl Schmieröl Bitumen für den Straßenbau.

Die Lebensmittelkontrolle führen Ärzte Tierärzte Personen mit besonderer Ausbildung durch.

Unreife verdorbene wertgeminderte Lebensmittel werden am besten gleich nach dem Kauf beanstandet.

Zum Frühstück wurden Tee Kaffee Kakao angeboten.

Rom Paris London Wien sind europäische Hauptstädte.

Eisenbahnen Autos Flugzeuge sind moderne Verkehrsmittel.

Bäche Flüsse Ströme führten Hochwasser.

Bei schönem klarem Wetter begannen sie mit dem Aufstieg auf den Berg.

Sie fand einen glitzerenden funkelnden Kristall.

Mir gefiel sein höfliches rücksichtsvolles Benehmen.

Nach dem Erdbeben sah man viele weinende klagende Menschen.

Ich band einen Strauß aus rotem Mohn blauen Kornblumen weißen Margeriten.

Krachende Böller zischende Raketen verkündeten den Beginn des Festes.

R 2

Kein Beistrich wird gesetzt, wenn die Glieder einer Aufzählung durch die Bindewörter **und**, **oder**, **wie**, **sowie**, **beziehungsweise**, **sowohl – als auch**, **weder – noch**, **entweder – oder** verbunden werden.

Beispiele:

Mit Beistrichen schreibt man:

Frühling, Sommer, Herbst, Winter sind die vier Jahreszeiten.

Zum Frühstück trinken wir Kaffee, Tee, Kakao.

Karl wünscht sich zu Weihnachten ein Fahrrad, einen Füllfederhalter, eine Schultasche aus Leder.

Seine Lehrer, seine Erzieher, seine Eltern, alle waren mit seiner Leistung zufrieden.

Der Wanderer hatte keinen Hunger, keinen Durst.

Ohne Beistriche schreibt man:

Frühling **und** Sommer **und** Herbst **und** Winter sind die vier Jahreszeiten.

Zum Frühstück trinken wir Kaffee **oder** Tee **oder** Kakao.

Karl wünscht sich zu Weihnachten **entweder** ein Fahrrad **oder** einen Füllfederhalter **oder** eine Schultasche aus Leder.

Sowohl seine Lehrer und Erzieher **als auch** seine Eltern waren mit seiner Leistung zufrieden.

Der Wanderer hatte **weder** Hunger **noch** Durst.

Mit Beistrichen schreibt man:	**Ohne Beistriche schreibt man:**
Knaben, Mädchen, Männern, Frauen gefiel der Film gut.	Knaben **wie** (sowie) Mädchen **und** Männern **wie** Frauen gefiel der Film gut.
Die lieben, kleinen Mädchen sehen dem Musikanten interessiert zu.	Die lieben **und** kleinen Mädchen sehen dem Musikanten interessiert zu.
Der Sänger hatte in Wien, Graz, Linz großen Erfolg.	Der Sänger hatte in Wien **beziehungsweise** in Graz und Linz großen Erfolg.

Wo fehlt in den folgenden Sätzen ein Beistrich? **Ü 3**

Er hatte weder sein Fahrzeug beleuchtet noch die vorgeschriebene Geschwindigkeit eingehalten. – Weder mir noch ihm ist der Entwurf geglückt. – Die Grasmücke flattert aus dem Haselstrauch zwitschert lustig und schlüpft in den Holunderbusch. – Der Bauer säte Roggen Gerste und Hafer oder pflanzte Kohl und Rüben. – Der Film kann sowohl Erwachsenen als auch Kindern empfohlen werden. – Weder der Fahrer noch die Fahrgäste wurden bei dem Unfall verletzt. – Das Schreiben geht an den Nationalrat an den Bundesrat sowie an die Landesregierungen. – Zum Frühstück tranken wir Kaffee oder Tee. – Ich komme heute Abend oder morgen Früh zurück. – Dummheit und Stolz wachsen auf einem Holz. – Die Ware war bruchsicher und hygienisch verpackt. – Sie fuhr mit einem großen alten Cadillac vor. – Bei schönem warmem Wetter fuhren sie ab.

R 3

Kein Beistrich wird gesetzt, wenn die aufeinander folgenden Eigenschaftswörter gleichrangig sind und das letzte Eigenschaftswort mit dem nachfolgenden Hauptwort einen Gesamtbegriff bildet.

Im Zweifelsfall, ob zwischen zwei Eigenschaftswörtern bei einer Aufzählung ein Beistrich stehen muss, hilft die **„und"-Probe**: Nur wenn man „und" zwischen die Eigenschaftswörter setzen kann, darf ein Beistrich gesetzt werden. Ein Gesamtbegriff liegt auch vor, wenn sich beim Umstellen der Eigenschaftswörter der Sinn des Satzes ändert.

Beispiele (die fettgedruckten Wörter bilden einen festen Begriff):

ein Glas dunkles **bayrisches Bier** (dunkles und bayrisches Bier ergibt keinen Sinn!)
das prächtige **kaiserliche Schloss**
gute **französische Weine**
ein wunderschöner **echter Sealmantel**
ein glitzernder **goldener Ring**
ein höflicher **junger Mann**
sehr geehrte **gnädige Frau**

Ü 4 *Entscheiden Sie, ob ein Beistrich zu setzen ist!*

Sie hatte schöne funkelnde schwarze Augen. – Die wuchtigen eichenen Möbel im Wohnzimmer fielen mir sofort auf. – Von oben sahen wir eine weite waldreiche Schlucht. – Ein knurrender schwarzer Hund lag vor der Haustür. – Wir wanderten auf einem sonnigen grasbewachsenen Weg. – Die Eingangstüre zierte ein einfaches schmiedeeisernes Gitter. – Der große braune Koffer war noch ganz neu und enthielt sowohl meine Wäsche als auch meine Anzüge.

R 4

Gleichartige Satzteile werden durch einen **Beistrich** getrennt, wenn sie durch die entgegensetzenden Bindewörter **aber, daher, doch, jedoch, auch, also, sondern, nicht nur – sondern auch, teils – teils, bald – bald, halb – halb, je – desto** verbunden werden. Durch diese Bindewörter wird im Verlauf des Satzes ein Gegensatz herausgestellt.

Beispiele:

Freundlich, aber bestimmt wies er den Vorwurf zurück.
Ich werde den Betrag nicht bar bezahlen, sondern überweisen.
Bringe Briefpapier mit, jedoch keine Briefumschläge!
Der Abgeordnete wohnte teils in Graz, teils in Wien.
Nicht nur seine Freunde, (sondern) auch seine Gegner erwiesen ihm ihre Hochachtung.
Halb im Scherz, halb im Ernst redete er seinen Freundinnen zu.
Bald war er hier, bald dort.
Das Mädchen war erst zehn, doch sehr redegewandt.
Sie war sechzehn, daher nicht großjährig.
Er war Vereinsmitglied, also stimmberechtigt.
Je älter er wurde, desto nachsichtiger war er.

Ü 5

Ergänzen Sie die Beistriche und vergleichen Sie mit der Lösung!

Der Staatsbürger hat nicht nur Rechte sondern auch Pflichten. – Je früher er mit dem Üben anfängt desto besser für ihn. – Nicht nur am Morgen sondern auch am Abend regnete es. – Teils zog sie ihn teils sank er hin. – Bald war er hier bald dort.

Ü 6

Ergänzen Sie die fehlenden Beistriche!

Nach der Lebensmittelverordnung müssen Lebensmittel besonders gekennzeichnet werden. Es sind anzugeben: die handelsübliche Bezeichnung der Name und der Sitz des erzeugenden Unternehmens bzw. der Erzeugungsort. Darüber hinaus sind anzugeben: das Füllgewicht das Füllvolumen die Herstellungsweise sowie Hinweise auf die Haltbarkeit oder die Lagerbedingungen ferner der Zeitpunkt der Verpackung. Sowohl die Lebensmittelhändler als auch die Verbraucher sollten die Vorschriften beachten.

Beim Kauf von tiefgekühlten Lebensmitteln ist auch auf die Temperatur der Luft in der Truhe zu achten. Starke Vereisung erhöht die Temperatur und trägt so zur Geschmacksveränderung aber auch zum Verderb einer tiefgekühlten Ware bei.

Ü 7

Ergänzen Sie die fehlenden Beistriche!

„Beim Reden kommen d'Leut z'samm'" ist nicht nur ein altes Sprichwort sondern auch eine Regel für die heutige Zeit. Im Alltag ist die schriftliche Vertragsform meist nicht notwendig. An ihre Stelle tritt das mündliche Abkommen. Man lässt sich in einem Geschäft Waren zeigen und vorführen wählt aus zückt die Brieftasche zahlt und nimmt das Gekaufte mit. Das kann die Wurstsemmel vom Fleischhauer ebenso sein wie der Mantel aus dem Modesalon oder der Rasierapparat aus dem Elektrogeschäft.

Ü 8

Wo fehlen hier Beistriche? Vergleichen Sie auch mit den Lösungen im Anhang!

Manche Früchte sind rundlich und knollig fast kugelig andere hingegen länglich eckig bucklig oder rissig. Viele haben eine bräunliche gelbliche rötliche oder grünliche Farbe. Es sind auch haarige wollige borstige und stachlige Früchte darunter, die sich fettig anfühlen. Manche sind leicht verderblich andere wieder sehr widerstandsfähig. Die meisten sehen sehr appetitlich aus. Sie sind saftig fleischig mehlig und schmecken köstlich. Einige sind freilich auch kümmerlich geraten krüppelig geblieben oder schon wurmig geworden. Sie haben zuweilen einen unangenehmen Geruch.

Ü 9 *Wo fehlt in den folgenden Sätzen der Beistrich?*

Sowohl im Westen als auch im Osten Österreichs regnete es gestern. Aus Gold Silber und Elfenbein werden in dieser Werkstätte Schmuckstücke verfertigt. Es ist schön doch windig. Es war ein sonniger heißer Tag. Der Bauer pflügte und eggte säte und pflanzte. Die Katze liegt den ganzen Tag in der Sonne und schläft und schnurrt. Den Eingang zierte ein altes schmiedeeisernes Gitter. Da stehen alte greisenhafte Weidenstämme. Trotz der Ruhe wogten die weiten hochgrasigen Wiesen in seltsamer Unrast. Der kleine braune Koffer war noch ganz neu und enthielt sowohl meine Wäsche als auch meine Anzüge. Teils arbeitete ich damals in der Stadt teils auf dem Land.

Ü 10 *Ergänzen Sie die fehlenden Beistriche und vergleichen Sie mit der Lösung der Übungsaufgabe!*

Ein unheimliches Erlebnis

An einem schönen wolkenlosen Tag unternahmen mein Vater und ich eine Bergtour. Der Weg führte uns über herrliche taubedeckte Wiesen mit leuchtenden farbenprächtigen Blumen. Weiter ging es durch rauschende schattige Wälder beziehungsweise über saftige grüne Almen. Weder mein Vater noch ich hatten diesen mächtigen steil aufragenden Gipfel jemals bestiegen. Er wie ich hatten schon lange für diesen großen einmaligen Tag trainiert. Das Gestein war weder brüchig noch glatt. Es gab überall kleine Tritte oder ausgehauene Stufen. Sowohl mein Vater als auch ich waren in guter Stimmung. Doch plötzlich hörte ich einen angsterfüllten lauten Schrei über mir. Was war geschehen? Hatte ihn ein Stein oder ein Stück Fels getroffen? Es war fast noch schlimmer. Beim Suchen um Halt hatte mein Vater in ein Schlangennest gegriffen. Die Vipern waren nun entweder böse über die Störung oder erschrocken. Sie gaben pfeifende zischende Laute von sich. Glücklicherweise konnte mein Vater seine Hand noch rechtzeitig zurückziehen, bevor ihn die aufgeschreckten Tiere gebissen hatten. Das hätte schlimm ausgehen können.

R 5

Ein Beistrich muss auch **vor und nach Satzteilen** gesetzt werden, **die den Redefluss unterbrechen**, also nach Ausrufen, Anreden, Hervorhebungen.

Bei **enger Zusammengehörigkeit** des Ausrufs mit dem nachfolgenden Wort, also wenn keine Sprechpause gemacht wird, darf der Beistrich auch wegbleiben.

Beispiele:

Ja, das ist ausgezeichnet.
Fein, nun habe ich es endlich geschafft!
Hans, gib mir bitte das Buch!
Im Anfang, da war vieles anders.
Selbstverständlich, wir warten auf dich.
Wirklich, das hast du gut gemacht.
Mein Kind, du hast ja keine Schuhe an!
Du weißt, Fritz, ich meine es gut.
O nein.
O du meine Güte!

R 6

Ein Beistrich ist auch **vor nachgestellte genauere Angaben und Erklärungen** zu setzen. Solche Satzteile werden zumeist durch **und zwar**, **das ist**, **das heißt**, **zum Beispiel**, **also**, **namentlich**, **besonders**, **unter anderem**, **nämlich** eingeleitet. Nach „das heißt“ (d. h.) steht nur dann ein Beistrich, wenn ein untergeordneter Satz folgt.

Beispiele:

Der Schulunterricht schließt bei großer Hitze, **das heißt** bei Temperaturen über dreißig Grad.

Der Schulunterricht schließt bei großer Hitze, **das heißt** wenn die Temperatur über dreißig Grad steigt.

Viele Flüsse sind stark verschmutzt, **zum Beispiel** der Rhein.
Sie wohnen in der Bäckerstraße, **also** im Herzen der Stadt.
Ich gehe oft ins Kino, **und zwar** jeden Sonntag.
Er ist sehr geschickt, **besonders** im Zeichnen von Blumen.
Beate liest viel, **unter anderem** auch Dramen.
Zwölf Schüler, **das ist** die Hälfte der Klasse, bestanden die Prüfung mit Auszeichnung.
Es ist bloß für fünf Personen Platz, **und das** nur, wenn alle zusammenrücken.

Ü 11 *Ergänzen Sie die fehlenden Beistriche und vergleichen Sie mit der Lösung!*

Die Lieferung kommt zweimal wöchentlich und zwar jeden Dienstag und Freitag. – Er lebt in Passau das ist eine Stadt an der Donau. – Herr Müller führt Südfrüchte ein das heißt hauptsächlich Orangen und Bananen. – Die asiatischen Staaten sind stark übervölkert zum Beispiel Indien. – Er liebt moderne Musik also auch Musicals. – Seine liebste Lektüre sind Romane namentlich jene von Jack London. – Karl interessiert sich für Maschinen besonders für Motoren.

R 7

Der Beistrich trennt **nachgestellte erklärende Einschübe** (Appositionen) vom übrigen Satz.
Bei **nachgestellten Geburtsnamen** ist es freigestellt, einen Beistrich zu setzen.

Beispiele:

Rom, die ewige Stadt, ist nicht an einem Tag erbaut worden.
Die Röntgenstrahlen, eine Entdeckung Wilhelm Conrad Röntgens, hießen zuerst X-Strahlen.
Salzburg, die Festspielstadt, wird von vielen Fremden besucht.
Durch diesen Film, einen köstlichen Kriminalschwank, wurde der Regisseur schnell bekannt.
Tante Inge, die Schwester meiner Mutter, war gestern auf Besuch.
Ausländische Firmen, insbesondere holländische und französische, treten als Bewerber auf.
Der Festtag, der langersehnte, war endlich gekommen.
Frau Ilse Gruber(,) geb. Hausner(,) war bei der Verhandlung nicht anwesend.
Wien, die Hauptstadt Österreichs, wird als Stadt der Musik bezeichnet.

Ergänzen Sie die Beistriche und vergleichen Sie mit der Lösung! **Ü 12**

Ihre Schwiegertochter die Zahnärztin ordiniert doch täglich nachmittags?

Linz die Hauptstadt Oberösterreichs ist eine bedeutende Industriestadt.

Friedrich Schlegel der Erforscher der deutschen Sprache war auch ein bedeutender Philosoph.

Die Blüten der Rose der herrlichsten Blume unserer Gärten haben verschiedene Farben.

Johann Gutenberg einem Bürger der Stadt Mainz verdanken wir die Erfindung der beweglichen Letter.

Das Kamel das „Schiff der Wüste" ist ein sehr genügsames Tier.

R 8

Der Beistrich steht zwischen dem **Datum** und den übrigen Angaben. In fortlaufenden Sätzen gibt es dabei verschiedene Möglichkeiten der Beistrichsetzung.

Beispiele:

Wien, den 7. Juli 1996
Wien, am 7. Juli 1996
Wien, 7. Juli 1996
Dienstag, den 7. Juli 1996 findet um 16 Uhr die Versammlung statt.
Am Samstag, dem 7. Juli 1996, reisen wir ab.
Samstag, den 7. Juli 1996 reisen wir ab.
Morgen, 8. September 1996, 15 Uhr, Beginn des großen Gartenfestes.

R 9

Nachgestellte Titel oder Berufsbezeichnungen grenzt man durch einen Beistrich vom übrigen Satz ab.

Werden die Titel dem Namen **vorangestellt**, wird kein Beistrich gesetzt.

Beispiele:

Gerhard Berger, Schlossermeister, Linzer Straße 8, 1140 Wien.
Professor Oberstudienrat Doktor Hans Hufnagel wohnt in Salzburg.
Medizinalrat Dr. Müller, Facharzt für Innere Medizin, ordiniert nur nachmittags.

R 10

Der Beistrich trennt **in Adressen** mit fortlaufendem Text die verschiedenen Angaben voneinander.

Werden die Teile der Adresse jedoch **untereinander geschrieben** (etwa auf Briefumschlägen), wird zwischen den Teilen der Adresse **kein Beistrich** gesetzt.

Beispiele:

Dr. Walter Richter, Facharzt für Urologie, Brünner Straße 18/12, A-1210 Wien

Jedoch:

Herrn Dr. Walter Richter
Facharzt für Urologie

Brünner Straße 18/12
A-1210 Wien

R 11

Der Beistrich trennt **Hinweise** auf Stellen in Büchern, Gesetzen und dergleichen von den weiteren Angaben.

Beispiele:

Bundesgesetzblatt, Jahrgang 1983, 17. Stück, Nr. 116
Werner Bergengruen: Die Rittmeisterin. München, Nymphenburger Verlagsbuchhandlung 1964

Aber (ohne Beistrich):

§ 6 Abs. 2 Satz 3 der Verordnung!

R 12

Der Beistrich trennt in **Dezimalzahlen** die Dezimalen von den Ganzen.

Beispiele:

S 117,–	6,35 l
DM 15,30	3,6 m
6,5 sfr	7,8 km
16,5 kg	2,5 t

Ü 13

Ergänzen Sie die Beistriche, wo welche fehlen, und begründen Sie Ihre Entscheidung durch die Regel! Vergleichen Sie anschließend mit den Lösungen im Anhang!

Ich wurde am 17. Juli 1942 in St. Pölten geboren.

Montag den 7. April um 19 Uhr beginnt die Feier.

Absender: Franz Huber 4020 Linz Hauptplatz 9 3. Stiege Tür 18

Heidelberg den 7. September 1996

Das Buch kostet S 123,–.

Frau Medizinalrat Dr. Edith Häusler wohnhaft in Baden Beethovenstraße 29 Tür 17 ordiniert wieder Montag Mittwoch und Freitag jeweils von 14 bis 18 Uhr.

Wir fuhren Donnerstag den 6. Juni um 7.20 Uhr vom Westbahnhof ab.

Ü 14

Ergänzen Sie die fehlenden Beistriche und begründen Sie die Beistrichsetzung durch die Regeln! (Wiederholung)

Au ich habe mich geschnitten. – Nein ich will nicht mitkommen! – Hilfe es brennt! – Wohin Ilse? – Besuchen Sie mich lieber Kollege in der nächsten Woche! – Der Regen von allen ersehnt ließ auf sich warten. – Salzburg die Mozartstadt wird von vielen Fremden besucht. – Angelika Berger geborene Hausner ist jetzt Lehrerin in Linz. – Wir werden am Sonntag zurückkehren und zwar mit dem 8-Uhr-Zug. – Die Schüler waren sehr aufmerksam besonders die Mädchen. – Unsere Sportler erregten großes Aufsehen namentlich die Läufer.

Ü 15

Ergänzen Sie die fehlenden Beistriche! (Wiederholung)

Essen und trinken müssen wir alle. Vor einem verdorbenen Magen können wir uns aber nicht immer schützen. Die Lebensmittelkontrolle wacht über die Güte der dem Lebensmittelgesetz unterliegenden Waren. Die Lebensmittelkontrolle führen Ärzte Tierärzte und Personen mit besonderer Ausbildung bei den Gesundheitsämtern Marktämtern und Lebensmitteluntersuchungsanstalten durch.

Unreife verdorbene und wertgeminderte Lebensmittel werden am besten gleich beim Kauf beanstandet. Inländische Markenwaren also Konserven Schokoladen und dgl. können zweckmäßigerweise beim Erzeuger selbst beanstandet werden.

Nicht nur Speisen auch Getränke kann man beim nächsten Marktamt oder Gesundheitsamt überprüfen lassen.

Der Beistrich im Satzgefüge

Satzgefüge sind zusammengesetzte Sätze. Sie bestehen aus einem **Hauptsatz** (er kann für sich allein stehen) und einem oder mehreren von diesem abhängigen **Nebensätzen** (Gliedsätzen). Nebensätze können nicht für sich allein stehen, sie vertreten nur ein Satzglied oder eine Beifügung und ergänzen den Hauptsatz durch genauere Angaben.

Nebensätze können vor oder nach einem Hauptsatz stehen oder im Hauptsatz eingeschoben sein.

Man erkennt die Nebensätze aber auch daran, dass sie zumeist durch ein unterodnendes Bindewort (als, seit, bevor, dass, wo, weil, da, falls, obwohl, obgleich . . .), ein Fürwort (der, die, das, welche . . .) oder ein Umstandswort (daher, wofür, woran, worin, wovor, weshalb, weswegen . . .) eingeleitet werden. Auch können sie erfragt werden.

Beispiele:

Weil Frau Berger eine kleine Rente bezieht, muss sie sparen.	Nebensatz als **„Vordersatz“**
Frau Berger muss sparen, **weil sie nur eine kleine Rente bezieht.**	Nebensatz als **„Nachsatz“**
Frau Berger, **die nur eine kleine Rente bezieht,** muss daher sparen.	Nebensatz als **„Zwischensatz“**

Nach ihrer Rolle als Satzglied können folgende **Arten der Nebensätze** unterschieden werden:

Art	Fragen	Beispiele
Subjektsätze (Satzgegen-standssätze) Sie nennen den Träger des Geschehens.	Wer, Was?	**Dass die Luft verseucht ist**, ist heute allgemein bekannt. **Wer das nicht glaubt**, braucht nur in eine Industriestadt zu kommen.
Fallergänzungs-sätze (Objektsätze) Sie drücken das Ziel der Handlung, die Zuwendung oder die Teilhabe aus.	Wen? Was Wem? Wessen? Wogegen? Worauf? Womit? Worum? u. a.	Viele Leute meinen, **dass der Lärm gesund-heitsschädlich ist**. Der Lärm schadet besonders dem, **der lärmempfindlich ist**. Ich erinnere mich nicht mehr, **ob das Wasser verschmutzt war**.
Umstands-ergänzungssätze (Adverbialsätze) Sie geben die nä-heren Umstände bekannt:		
die Zeit,	Wann? Seit wann? Bis wann? Wie lange?	**Sobald die Arbeitszeit beginnt**, steigt der Lärm an.
den Ort,	Wo? Woher? Wohin?	**Wo Fabriken sind**, ist die Luft schlechter.
die Art,	Wie? Wie sehr? Wie weit? Womit?	Die Luft ist so schlecht, **dass man kaum atmen kann**.

Art	Fragen	Beispiele
den Grund, den Zweck, die Bedingung, das Mittel.	Warum? Zu welchem Zweck? Unter welcher Bedingung? Trotz welchen Umstandes?	**Weil das Wasser nicht rein war**, konnte man es nicht trinken. **Obwohl das Wasser nicht rein war**, trank er es.
Gleichsetzungssätze Sie setzen eine Sache einer anderen gleich.	Was? Wer?	Dieses Buch ist es, **das die Umweltverschmutzung schildert**. Dieser Schriftsteller ist es, **der darüber schreibt**.
Beifügesätze (Attributsätze) Sie bestimmen ein Satzglied näher.	Was für ein? Welcher? Wessen?	Eine Wohnung, **die ruhig liegt**, ist in der Stadt schwer zu finden.

R 13

a) Zwischen einem Hauptsatz (H.) und einem Nebensatz (N., Gliedsatz) steht immer ein Beistrich.

b) Bei formelhaften Nebensätzen kann der Beistrich wegbleiben.

Beispiele:

a) Es freut mich, **dass du gesund bist**.
H. N.

Der Mann, **der mich begleitet hat**, war mein Vater.
H. (1. Teil) N. H. (2. Teil)

Als er nach Hause ging, war es schon dunkel.
N. H.

Die Tante meinte, **dass es regnen werde**, und nahm daher den Schirm mit.
H. (1. Teil) N H. (2. Teil)

Da die Fahrbahn überschwemmt war,
1. N.
wurde der Verkehr, **der auf dieser Straße sehr lebhaft ist**, umgeleitet.
H. 2. N. H.

Als er nach Hause ging, war es schon so dunkel, **dass er den Weg verfehlte**.
1. N. H. 2. N.

Soldaten, **die in der Stadt ihre Unterkunft hatten**,
H. (1. Teil) 1. N.
wurden eingesetzt, **um die Straße wieder befahrbar zu machen**.
H. (2. Teil) 2. N.

Wir konnten die Reise nicht fortsetzen,
H. (1. Teil)
weil das Auto beschädigt war, und mussten zu Fuß weitergehen.
N. H. (2. Teil)

b) **Wie bereits gesagt**(,) verhält sich die Sache anders.
N. H.
Ich komme(,) **wenn nötig**, bei dir vorbei.
H. N.

Ü 16

Unterstreichen Sie die Gliedsätze und ergänzen Sie die fehlenden Beistriche!

Wo Tauben sind fliegen Tauben zu. Wenn der Apfel reif ist fällt er vom Baum. Wenn auch der Hahn nicht kräht wird es doch Tag. Was ich nicht weiß macht mich nicht heiß. Wer andern eine Grube gräbt fällt selbst hinein. Es ist nicht alles Gold was glänzt. Wer sich mutwillig in Gefahr begibt kommt darin um. Was einmal unrichtig gewesen ist bleibt unrichtig zu jeder Frist. Wer nicht sät der nicht mäht. Wer den Kern essen will muss die Nuss knacken. Es ist nicht jede Ähre voll die sich senkt. Wenn du dich versprichst darfst du dich nicht wundern dass dich die anderen missverstehen.

Ü 17

Ergänzen Sie die Beistriche!

Das Gleichgewicht in der Natur darf nicht gestört werden

In einem geschlossenen Lebensraum wie dies zum Beispiel ein Wald oder ein Teich ist besteht eine strenge Gesetzmäßigkeit zwischen „Nährer“ und „Zehrer“. Die aus Abfällen und Mineralstoffen des Muttergesteins entstehenden Pflanzen werden von den Pflanzenfressern verzehrt welche wiederum den Fleischfressern als Nahrung dienen. Weil alle diese Gruppen untereinander in einem Gleichgewichtsverhältnis stehen können Störungen dieses Gleichgewichts zur Massenvermehrung einer Art führen. Weil aber das Nahrungsangebot für diese Art bald erschöpft ist wird wieder das Gleichgewicht hergestellt, sodass ein Überhandnehmen einer Art ausgeschlossen ist.

Menschliche Eingriffe wie die Aussetzung von Kaninchen in Australien können das natürliche Gleichgewicht stören und zur Landplage werden da dort der natürliche Feind fehlt.

Ü 18 *Ergänzen Sie die folgenden Beistriche!*

Wasser für jeden Zweck

Wir alle wissen wie wichtig eine ausreichende Wasserversorgung für das tägliche Leben ist. Der Mensch trinkt im Durchschnitt zwei Liter pro Tag was nur einen kleinen Teil des Gesamtverbrauchs an Wasser ausmacht. Wesentlich mehr ist für die Erzeugung elektrischer Energie für die Bewässerung und für industrielle Zwecke erforderlich. Im Allgemeinen ist der Bedarf an Wasser vom Lebensstandard und vom Stand der Industrialisierung abhängig. In hoch entwickelten Ländern werden 35 bis 55 Prozent des Grundwasserbedarfs in Landwirtschaft und Industrie verwendet. In den Vereinigten Staaten Amerikas zum Beispiel werden pro Einwohner täglich etwa sieben Millionen Liter Wasser verbraucht wovon nur sechs Prozent auf den Haushaltsbedarf entfallen. Die Hälfte des Wassers das in den USA jährlich verbraucht wird wird für die Bewässerung in der Landwirtschaft verwendet. Dies ist zwar notwendig aber auch sehr verschwenderisch da etwa 60 Prozent durch Verdunstung verloren gehen.

Ü 19 *Wo fehlen hier die Beistriche? Vergleichen Sie mit der Lösung!*

Wie kann man sparen?

Manche Leute geben viel Geld für Dinge aus die entbehrlich sind. Wenn sie sich diesen oder jenen vorübergehenden Genuss versagen könnten bliebe ihnen der Betrag für Wichtigeres. Wer so denkt handelt sparsam und wirtschaftlich richtig. Er kann sich mit der Zeit so viel ersparen dass er sich auch Großes zu kaufen vermag. Außerdem ist er vor Not gesichert denn er hat Geldreserven. Selbstverständlich steckt man heute seinen Spargroschen nicht in den Strumpf man vertraut das Geld vielmehr der Sparkasse an. Dort wird das Geld sicher aufbewahrt dort trägt es außerdem Zinsen. Die Sparkasse kann die ihr anvertrauten Summen weiterverborgen auf diese Weise belebt sie die Wirtschaft. Aber auch jener handelt sparsam der mit seinem erworbenen Gut sorgsam umgeht und seine Sachen pflegt. Leider glauben manche Leute dass sie sich wegen des Sparens jede Annehmlichkeit versagen müssten.

R 14

Sätze mit wörtlicher Rede werden ebenfalls durch einen Beistrich vom übrigen Satz getrennt, wenn der Begleitsatz der wörtlichen Rede nachfolgt. Das gilt auch dann, wenn die wörtliche Rede mit einem Fragezeichen oder einem Rufzeichen schließt.

Beispiele:

„Wir haben das Spiel verloren“, sagte Renate.
„Morgen Früh“, meinte der Vater, „bin ich wieder zurück.“
„Was hast du bei der Vorsprache erreicht?“, fragte er.
„Komm her!“, rief ihn sein Freund.

Ü 20

Unterstreichen Sie die Gliedsätze und ergänzen Sie die fehlenden Beistriche!

Wie der Kaffee entdeckt wurde

Im ostafrikanischen Hochland lebte vor vielen Jahren ein Hirte der täglich seine Ziegen auf die Weide führte. Da bemerkte er plötzlich dass die Tiere nachts nicht mehr schlafen konnten. Ruhelos irrten sie umher hüpften und meckerten. Der Hirte dacht nichts anderes als dass sie von bösen Geistern besessen wären. Da er sich nicht zu helfen wusste ging er in ein nahes Kloster und erzählte die Geschichte den Mönchen. Der Abt der ein weiser Mann war beobachtete die Ziegen und bemerkte dass sie fleißig von den kirschroten Früchten eines niedrigen Strauches naschten. „Vielleicht ist das des Rätsels Lösung“ dachte er denn er glaubte nicht an Geister. Er untersuchte die Früchte genau kostete auch deren bohnenförmige Kerne und fühlte sich plötzlich selbst wunderlich frisch obwohl es schon spät nachts war. Er hatte die belebende Wirkung der Kaffeebohnen entdeckt. Diese beruht auf einem Wirkstoff der in der Bohne enthalten ist. Er belebt und erfrischt. Wird er aber in großen Mengen genossen ist er für den Körper schädlich.

Ü 21 *Ergänzen Sie die fehlenden Beistriche!*

Wer nicht hören will muss fühlen. – Was ein elektrischer Funke im Kleinen ist (das) ist der Blitz im Großen. – Früher meinte man dass sich die Sonne um die Erde bewege. – Ob ich kommen kann das ist ungewiss. – Wenn der Herbst kommt verlassen uns die Zugvögel. – Während ich Klavier spielte las mein Freund in einem Buch. – Als der Abend kam schlossen wir die Fensterläden. – Nachdem ich gegessen hatte durfte ich Fußball spielen. – Du bist willkommen sooft du kommst. – Es ist lange her seit wir uns zuletzt gesehen haben. – Er tut so als ob er krank wäre. – Da es stürmte kehrte ich um. Ich muss fleißig sein damit ich mein Ziel erreiche. – Er ging in den Wald obgleich es regnete. – Hunde die bellen beißen nicht. – Er hustet ohne dass er sich die Hand vor den Mund hält.

Der Beistrich in der Hauptsatzreihe

Als **Hauptsatzreihe** (Satzverbindung) bezeichnet man Ganzsätze, die aus mehreren Hauptsätzen zusammengesetzt sind. Jeder der Teilsätze könnte also für sich allein stehen und ergibt einen Sinn. Jeder der Teilsätze hat aber auch ein **Subjekt** und ein **Prädikat** aufzuweisen.

Als **Subjekt** (Satzgegenstand) bezeichnet man jenes Satzglied, das die Person oder die Sache nennt, von der im Satz die Rede ist. Es ist der Träger oder Urheber eines Geschehens, eines Zustandes, einer Eigenschaft. Man kann es feststellen, wenn man nach Personen mit **„Wer?“** fragt, nach Unpersönlichem mit **„Was?“**.

Als Subjekt kann stehen:

a) **ein Nomen** (Substantiv, Hauptwort) oder ein anderes hauptwörtlich gebrauchtes Wort mit seinen Begleitern:

Der Polizist steht auf der Kreuzung.
Das Laufen macht ihn müde.

b) **ein Pronomen** (Fürwort) oder ein **Numerale** (Zahlwort):

Sie haben geschlafen.
Das ist nicht wahr.
Alle lauschen.

c) **ein Infinitiv** (eine Nennform des Zeitwortes) oder eine **Infinitivgruppe** (Nennformgruppe):

Irren ist menschlich.
Mitzuhelfen ist ihm ein Bedürfnis.
Diese Lieder zu singen fällt mir schwer.

d) **ein einfaches oder satzwertiges Partizip** (2. Mittelwort des Zeitwortes):

Frisch gewagt ist halb gewonnen.
Jung gefreit hat nie gereut.
Dreimal umgezogen, das ist so gut wie abgebrannt.

e) **ein Nebensatz** (Subjektsatz):

Wer mitfahren will, soll sich morgen bei mir melden.
Dass ihr mithelfen wollt, freut mich.

In Sätzen mit unpersönlichen Verben (Zeitwörtern) steht das unpersönliche „es“ als **Subjekt** (Scheinsubjekt):

Es wird wenig gearbeitet.
Es schneit.

Das Subjekt kann ein- oder mehrgliedrig sein:

Die Onkel, Tanten und alle anderen Verwandten kamen zu dem Begräbnis.

In Befehlssätzen fehlt manchmal das Subjekt, man kann es sich aber dazudenken.

Komm her! Sprich lauter!

Das Subjekt lässt sich auch mit der Infinitivprobe (Nennformprobe) feststellen. Löst man die Personalform des Verbs aus dem Satz heraus und setzt es im Infinitiv (in der Nennform) an das Ende des Satzes, bleibt das Subjekt übrig:

Mit heulendem Motor raste der Rennwagen über die Bahn.
Mit heulendem Motor über die Bahn rasen → **der Rennwagen**
Subjekt

Fritz hilft seinem Vater bei der Arbeit.
Seinem Vater bei der Arbeit helfen → **Fritz**
Subjekt

Im **Prädikat** wird eine Aussage über das Subjekt gemacht. Daher auch die Bezeichnung „Satzaussage". Es kann mit „Was geschieht?" oder „Was wird von der Person oder der Sache ausgesagt?" erfragt werden. Es bildet den **Geschehenskern des Satzes**.

Das Prädikat kann ein- oder mehrteilig sein.

Einteilige Prädikate werden mit der Personalform eines Vollverbs (Hauptzeitwortes) oder eines Hilfsverbs (Hilfszeitwortes) gebildet:

Erich **schläft**.
Ilse **ist** in der Schule.
Hans **wird** Ingenieur.

Ein Hilfsverb ist nur dann Prädikat, wenn kein Vollverb in dem Satz vorhanden ist.

Ist ein Prädikat mehrteilig, kann es bestehen

a) aus einem Hilfsverb (Hilfszeitwort der Zeit) in Verbindung mit einem 2. Mittelwort (Partizip) oder einer Nennform (einem Infinitiv) eines Verbs:

Ich **habe** gestern deine Schwester **getroffen**.
Ich **werde** gegen sechs Uhr **kommen**.

b) aus einem Modalverb (Hilfszeitwort der Aussage) und dem Infinitiv (der Nennform) eines Vollverbs:

Ernst **will** Ilse **heiraten**.
Ich **möchte** am Abend **kommen**.

c) aus anderen, sogenannten modifizierenden Verben in Verbindung mit einem Infinitiv (der Nennform) mit „zu". Modifizierende Verben sind Vollverben, die als Hilfsverben Verwendung finden können (pflegen, scheinen, vermögen, hoffen, glauben u. a.):

Er **pflegt** jeden Morgen um sechs Uhr **aufzustehen**.
Das **vermag** mich nicht **zu trösten**.

d) aus einem Verb in Verbindung mit einem Reflexivpronomen:

Er **schämt sich** seiner Worte.
Er **hält sich** schon für den Sieger.

e) aus einem Hilfsverb in Verbindung mit einer Wortgruppe (Redewendung):

Ich **werde** die Möglichkeit **in Betracht ziehen**.
Sie **wird** ihn beim Wort **nehmen**.

In einer Hauptsatzreihe können die einzelnen Teilsätze ohne ein Bindewort aufeinander folgen oder durch ein nebenordnendes **Bindewort** miteinander verknüpft werden.

Man unterscheidet daher

unverbundene Hauptsatzreihen:	und	**verbundene Hauptsatzreihen:**
Die Lesefähigkeit wird entwickelt, die Sprachbeherrschung wird verbessert. Sei pünktlich, der Zug wartet nicht.		Ernst studiert in Wien, **aber** seine Schwester studiert in Innsbruck. Ich gehe nicht ins Theater, **denn** ich muss noch lernen.

Nach der inhaltlichen Beziehung der Teilsätze zueinander kann die Hauptsatzreihe verschiedene Verhältnisse ausdrücken:

a) eine **Anreihung (kopulative Hauptsatzreihe)**:

Der Professor war viel im Ausland(,)
und er lernte die Lebensbedingungen in fremden Ländern kennen.

Bindewörter (kopulative Konjunktionen):
und, auch, desgleichen, ebenfalls, gleichfalls, sowohl als auch, außerdem, nicht nur – sondern auch, sogar, überdies, selbst, insbesondere,

nämlich, teils- teils, einerseits- ander(er)seits, bald – bald, erst – dann, schließlich, endlich, letztlich u. a.

b) eine **Entgegensetzung (adversative Hauptsatzreihe)**:

Er beherrscht die Theorie seines Faches,
aber er hat noch wenig praktische Erfahrung.

Bindewörter (adversative Konjunktionen):
aber, freilich, zwar – aber, allein, nur, übrigens, sondern, vielmehr, oder, sonst, andernfalls, widrigenfalls, im anderen Fall, dagegen, hingegen, doch, jedoch, dennoch, indessen, gleichwohl, somit, nichtsdestoweniger u. a.

c) eine **Ausschließung (disjunktive Hauptsatzreihe):**
Dabei wird durch den Sachverhalt des 2. Hauptsatzes der Sachverhalt des ersten ausgeschlossen:

Er ist **entweder** schon zur Arbeit gegangen(,)
oder er schläft noch.

Bindewörter (disjunktive Konjunktionen):
freilich, wohl, aber, allein, nur, sondern, vielmehr, oder, entweder – oder, sonst, andernfalls, widrigenfalls, dagegen, hingegen, doch, jedoch, dennoch, indessen, gleichwohl, somit, nichtsdestoweniger u. a.

d) eine **Begründung (kausative Hauptsatzreihe):**
In diesen Hauptsatzreihen wird im zweiten Hauptsatz die Begründung für den Sachverhalt des ersten Hauptsatzes ausgedrückt.

Draußen ist es sehr kalt,
daher musst du dich warm anziehen.

Die beiden Dreiecke stimmen in zwei Seiten und dem davon eingeschlossenen Winkel überein,
folglich sind sie kongruent.

Ich wundere mich über deine sinnlosen Ausgaben,
denn dazu habe ich dir das Geld nicht gegeben.

Jeder hatte ihn gewarnt,
trotzdem ließ er sich auf das gewagte Unternehmen ein.

Die Verpflegung war gut,
insofern war ich zufrieden.

Bindewörter (kausative Konjunktionen):
daher, darum, demnach, sonach, deshalb, deswegen, also, folglich, infolgedessen, mithin, somit, so, dazu, darum, dafür, trotzdem, insofern, insoweit, deswegen, doch u. a.

R 15

- Zwischen den gleichrangigen Teilsätzen einer Hauptsatzreihe steht im Allgemeinen ein Beistrich.
- Werden die Teilsätze jedoch durch **und**, **oder**, **beziehungsweise**, **wie**, **sowie**, **entweder – oder**, **weder/nicht – noch**, **sowohl – als auch** verbunden, darf der Beistrich auch wegbleiben (Wahlfreiheit)!

Beispiele:

Noch ein solcher Sturm(,) und das Dach stürzt ein.

Das Beispiel wurde unrichtig gerechnet(,) oder die Angaben stimmen nicht.

Lass dir den Zahn ziehen, andernfalls wirst du starke Schmerzen bekommen.

Der Kraftwagenlenker will überholen, er darf aber nicht schneller als 50 Stundenkilometer fahren.

Ich möchte dich gerne mitnehmen(,) oder bist du schon zu müde?

Zuletzt klirrten sogar die Fenster der Morgenseite(,) und große Hagelschloßen kollerten in die Stube.

Ich bin 50 Jahre alt, meine Frau ist 46.

Sie fährt sowohl bei gutem(,) als auch bei schlechtem Wetter.

Er log beharrlich, er wisse nichts, er sei es nicht gewesen.

Ü 22

Unterstreichen Sie in jedem Teilsatz das Subjekt und ergänzen Sie die fehlenden Beistriche! (In Aufforderungssätzen wird das Subjekt meistens weggelassen.)

Der Mensch denkt Gott lenkt. Lerne nur das Glück ergreifen denn das Glück ist immer da. Gott gibt die Nüsse aber er beißt sie nicht auf. Friede ernährt Unfriede verzehrt. Eintracht baut ein Haus aber Zwietracht reißt es nieder. Quäle nie ein Tier zum Scherz denn es fühlt wie du den Schmerz. Niemand ist gern alt aber jedermann möchte gern alt werden.

Die Wahrheit richtet sich nicht nach uns wir müssen uns nach der Wahrheit richten. Denke nicht nur gut und edel handle auch so gegen deine Mitmenschen! Kindes Hand ist bald gefüllt und Kindes Zorn ist bald gestillt. Rede wenig höre viel. Schönheit vergeht Tugend besteht.

Ü 23 *Ergänzen Sie die fehlenden Beistriche!*

Auf dem Gipfel des Nanga Parbat

Und dann stehe ich auf dem höchsten Punkt dieses Berges in 8125 Meter Höhe. Nirgends geht es mehr höher hinauf und nach allen Seiten fällt das Gelände nur ab. Es ist sieben Uhr abends. Als erster Mensch stehe ich nun hier doch nichts vom erhebenden Gefühl des Siegers spüre ich in mir. Ich bin mir der Bedeutung dieses Augenblicks nicht im Geringsten bewusst denn ich bin vollkommen erschöpft. Todmüde lasse ich mich fallen nun erst kann ich mit Ruhe den Rundblick in mich aufnehmen.

Von der kleinen Gipfelfläche fallen nach allen Seiten steile Flanken ungeheuer tief in die Täler ab. Sie entschwinden dem Auge völlig und erst weit unten sieht man nach allen Richtungen die schneebedeckten Talgletscher hinausziehen. Ich komme mir vor wie auf einem winzigen Eiland inmitten eines riesigen Ozeans. Im Norden verebben gewaltige Gebirge im Osten das gleiche Meer von ungezählten Gipfeln doch ich kann nur einen bescheidenen Teil dieses mächtigen Gebirges übersehen. Auch im Westen brandet ein Wall von Bergen und nur der Süden fällt in eine schwarze dunstige Ebene ab: Indien und Pakistan. Unmittelbar unter mir eine Kette von Fünftausendern und darüber hinweg fällt weit in das Land hinein der mächtige Schatten des Nanga Parbat.

(Nach Hermann Buhl)

Ü 24 *Wo fehlen hier die Beistriche?*

Erst als ein gewaltiger Donnerschlag krachte legte sich das Mark und Bein durchdringende Getöse es zog nur noch ein eiskalter Luftzug durch die Fenster und es rieselte der Regen.- Endlich wurde es heller. – Wir wollen nach Hause gehen es ist nämlich schon weit nach Mitternacht. –

Bald half er der Mutter bald setzte er seine eigene Arbeit fort. – Gehen Sie auf meine Vorschläge ein oder ich suche mir einen anderen Partner. – Du musst mit deinem Bruder rasch zum Arzt gehen sonst kann sich die Entzündung verschlimmern. – Einst kamen die Hasen zusammen und klagten einander ihre Sorgen. – Anfangs zögerte er doch dann sprang er mutig ins eiskalte Wasser. – Vom Dach der Scheune rissen sich Ziegel los und zerbrachen auf dem Boden. – Der Stein ist schwerer als Wasser daher sinkt er zu Boden.

Ergänzen Sie die fehlenden Beistriche und begründen Sie die Beistrichsetzung durch die gelernten Regeln! **Ü 25**

Frühling

Der Frühling ist auf der Höhe. Die Wiesen strahlen im Schmucke goldiger Blumenpracht die Obstgärten prangen in schimmerndem Weiße sattgelbe lange Streifen zieht der blühende Raps durch die hellgrünen Fluren fußhoch steht die junge Saat Mauersegler und Pirol Kuckuck und Spottvogel die spätesten aller Zugvögel sind wieder da. Die Vormittagssonne sengt nur so auf die Heide nieder. Im braunen Heidekraut blüht hellgelb der Stachelginster grünseidige Eidechsen rascheln in dem Gestrüpp silberflügelige Libellen schwirren über den Wegen hellblaue Schmetterlinge tanzen über den Ginsterblüten und goldgrüne Sandläufer fliegen schimmernd vor uns auf. In den hohen Fluren ruft der Kuckuck ab und zu piepst eine Meise in der Dickung auf der Rodung rennt der Steinschmätzer eifrig umher unzählige Fliegen und Käfer surren durch das Strauchwerk und uns läuft der Schweiß unter den Lodenhüten hervor und Nacken und Hände bräunen sich fast zusehends. Über dem Moore zittert die kochende Luft am Horizont quellen die dicken Rauchwolken der brennenden Moore empor.

(Hermann Löns)

Unterstreichen Sie in jedem Satz das Subjekt und setzen Sie die fehlenden Beistriche ein! **Ü 26**

Der Polizist hebt die Hand und die Fahrzeuge halten an. Sein Kollege kommt mit einem Notizblock er überprüft die Papiere der Fahrzeuglenker. Bald stauen sich die Fahrzeuge. Eine Verkehrskontrolle ist nicht beliebt und der Aufenthalt auf der Straße verärgert die Fahrer. Manches Auto wird beanstandet und seine Nummer wird mit der Anschrift des Fahrers notiert. Hier leuchtet beispielsweise das rechte Blinklicht nicht auf außerdem sind die Reifen abgefahren. Der nächste Personenwagen ist in Ordnung aber der Fahrer sucht vergeblich seinen Führerschein. Die Unterbrechung der Fahrt wird von allen als unangenehm empfunden doch sehen die meisten die Notwendigkeit solcher Kontrollen ein.

Ü 27 *Setzen Sie die fehlenden Beistriche ein!*

Aus den Bestimmungen des Jugendschutzgesetzes

Kinder dürfen sich in der Zeit zwischen 21 und 5 Uhr Jugendliche zwischen 23 und 5 Uhr ohne Begleitung einer Aufsichtsperson an allgemein zugänglichen Orten nicht ungerechtfertigt aufhalten. Wenn also Vater oder Mutter oder „Aufsichtspersonen" die nach dem Gesetz berechtigt sind das Kind oder den Jugendlichen zu beaufsichtigen mit dem Kinde oder dem Jugendlichen beisammen sind so ist sein Aufenthalt auf der Straße auch nach der angegebenen Zeit gerechtfertigt. Ein Gleiches gilt wenn das Kind oder der Jugendliche etwa einen Auftrag der Eltern erfüllt hat nach einem Besuch bei Verwandten von einer Veranstaltung für Kinder oder Jugendliche auf dem Heimweg ist. Das Kind oder der Jugendliche muss seine Rechtfertigung dem fragenden Polizeibeamten nachweisen können.

Kinder und Jugendliche dürfen im Allgemeinen auch nicht allein in ein Gasthaus oder in eine andere Gaststätte gehen nicht ohne Begleitung von Aufsichtspersonen in einem Hotel oder auf einem Campingplatz übernachten.

Ü 28 *Ergänzen Sie die fehlenden Beistriche und nennen Sie die Regel, der die Beistrichsetzung folgt!*

Wasser in Gefahr

Viele meinen dass unser Wasser in Gefahr ist. Die Verantwortlichen überlegen was zu tun ist. Bevor die Abwässer in die Flüsse fließen müssen sie gereinigt werden. Die Reinigung des Wassers das von den Industriebetrieben benützt wird kostet viel Geld. Dass heute keine Stadt ohne Kläranlagen auskommt ist allgemein bekannt. In großen Betrieben lässt man den gröbsten Schmutz zu Boden sinken damit das Wasser wieder reiner wird. Man presst dann mit Druck Luft durch das Wasser weil viel Sauerstoff die natürlichen Reinigungskräfte des Wassers unterstützt. Auch lässt man Mikroben die eingeschwemmten Chemikalien zersetzen damit das Wasser entgiftet wird. Erst wenn das Wasser vom Schädlichsten befreit ist darf es ins Flussbett geleitet werden. Die Methoden der Wasseraufbereitung sind heute schon so verfeinert dass geklärtes Abwasser manchmal sogar besser ist als Brunnenwasser.

R 16

Wenn zwei Hauptsätze mit gleichem Subjekt zu einem einzigen Satz zusammengezogen werden und dabei das Subjekt im zweiten Hauptsatz weggelassen wurde, ist vor dem einleitenden Bindewort (und, oder) kein Beistrich zu setzen. Es gelten nur die Beistrichregeln für den einfachen Satz (R 1 bis R 6).

Beispiele:

Nur noch an warmen Tagen verlassen <u>die Eichkätzchen</u> die schützende Nestkugel, dann rasseln <u>sie</u> stammauf und stammab in munterem Spiel.	Nur noch an warmen Tagen verlassen <u>die Eichkätzchen</u> die schützende Nestkugel und rasseln stammauf und stammab in munterem Spiel.
Sogar <u>die Meisen und Goldhähnchen</u> beginnen zu schweigen, und an den vielen feuchtkalten Tagen sitzen <u>sie</u> mit aufgeplusterten Federn traurig herum.	Sogar <u>die Meisen und Goldhähnchen</u> beginnen zu schweigen und sitzen an den vielen feuchtkalten Tagen mit aufgeplusterten Federn traurig herum.
↓ **Aneinanderreihung** von zwei Hauptsätzen (denn jeder Satz hat ein Prädikat und ein Subjekt). ↓ *Trennung der Teilsätze durch* **BEISTRICH**	↓ **Zusammenziehung** von zwei Hauptsätzen zu einem ,einzigen Satz (denn der erste Teil des Satzes hat mit dem zweiten das Subjekt gemeinsam). ↓ **kein BEISTRICH**

Ü 29 *Setzen Sie in dem folgenden Text die fehlenden Beistriche ein und begründen Sie die Beistrichsetzung durch die gelernten Regeln!*

Mir ist nie fad

Manche Menschen wissen nichts mit sich anzufangen. Kaum sind sie allein fühlen sie sich einsam und verlassen. Sie können sich selbst nicht Gesellschaft leisten sie brauchen andere Menschen oder doch wenigstens einen Wellensittich. Es fehlt ihnen das Ruhen in sich selbst sie haben nicht die Fähigkeit des Nachdenkens und stillen Genießens. Es ist also gewissermaßen eine Kunst wenn man sich niemals zur Last fällt. Aber wenn man diese Kunst beherrscht kann das Gefühl der Langeweile niemals aufkommen. Mir wird nur langweilig in Gesellschaft von Menschen die einem geistig nichts geben können. Dann fehlt das Gefühl der Spannung und alles ist schlaff und langweilig. Das Gleiche tritt ein wenn man selbst keine interessanten Gespräche führen kann. Das Leben trägt so unendlich viel Neues an uns heran man braucht daher zum Ordnen der Gedanken zum Urteilen zum Schließen viel Zeit. Damit soll freilich nicht gesagt sein dass die stille Stunde nur dem Nachdenken vorbehalten sein muss. Es bieten sich vielmehr eine Anzahl von unaufdringlichen „Gesellschaften“ an die uns jederzeit anregen belehren oder uns die Zeit vertreiben das sind vor allem die Bücher. Wer Bücher liebt und sie liest dem wird es nie fad werden.

Der Beistrich in der Nebensatzreihe

Die Aufeinanderfolge von mehreren Nebensätzen (Gliedsätzen) in einem Satzgefüge wird als **Nebensatzreihe** bezeichnet. Beziehen sich alle Nebensätze auf den Hauptsatz, spricht man von **Nebensätzen gleichen Grades**.

Wenn sich jedoch Nebensätze jeweils auf den vorherigen Nebensatz beziehen und nicht auf den Hauptsatz, hat man es mit **Nebensätzen verschiedenen Grades** (2., 3., 4. Grades) zu tun.

R 17

a) Zwischen Nebensätzen gleichen Grades steht im Allgemeinen ein Beistrich.

b) Werden Gliedsätze gleichen Grades jedoch durch „und“, „oder“ usw. (s. R 15!) verbunden, darf der Beistrich wegfallen.

Beispiele:

Zu a)

Ich weiß,	(Hauptsatz)
dass du dir nichts erspart hast,	(1. Nebensatz)
dass du aber trotzdem vermögend bist.	(2. Nebensatz)

(Beide Nebensätze beziehen sich auf den Hauptsatz, sind also Nebensätze gleichen Grades.)

Erich ist ein Freund,	(Hauptsatz)
der mir immer hilft,	(1. Nebensatz)
der mich noch nie im Stich gelassen hat,	(2. Nebensatz)
der immer für mich da ist.	(3. Nebensatz)

Wenn die Tage länger werden,	(1. Nebensatz)
wenn die Natur zu neuem Leben erwacht,	(2. Nebensatz)
kehren die Zugvögel zurück.	(Hauptsatz)

Zu b)

Wenn er das wirklich vorhat	(1. Gliedsatz)
und wenn er sich nicht umstimmen lässt,	(2. Gliedsatz)
dann müssen wir auf seine Mitarbeit verzichten.	(Hauptsatz)

Ich weiß,	(Hauptsatz)
dass er sie liebt	(1. Nebensatz)
und dass er alles tun würde.	(2. Nebensatz)

Wenn er nicht kommen will	(1. Nebensatz)
oder wenn er verhindert ist	(2. Nebensatz)
und wenn er nicht anruft;	(3. Nebensatz)
müssen wir den Beschluss ohne ihn fassen.	(Hauptsatz)

R 18

Auch Nebensätze, die einander untergeordnet sind, grenzt man durch Beistriche voneinander ab.

Im Übrigen gilt die Regel 15.

Beispiele:

Ich glaube,	(Hauptsatz)
dass du fleißiger geworden bist,	(Nebensatz 1. Grades)
seit du erfahren hast,	(Nebensatz 2. Grades)
wie leicht man durchfallen kann.	(Nebensatz 3. Grades)

(Die Nebensätze 2. und 3. Grades beziehen sich jeweils auf den vorherigen Nebensatz und nicht auf den Hauptsatz.)

Er war zu klug,	(Hauptsatz)
als dass er in die Falle gegangen wäre,	(Nebensatz 1. Grades)
die man ihm gestellt hat.	(Nebensatz 2. Grades)

Ü 30 *Unterstreichen Sie die Hauptsätze und setzen Sie die fehlenden Beistriche! Vergleichen Sie anschließend mit der Lösung im Anhang des Buches!*

Seine Sekretärin die ihm eine gute Hilfe war der er auch voll vertrauen konnte hat ihren Posten überraschend gekündigt.

Nichts ist verächtlicher als Menschen welche die Vertrauensstellung die man ihnen verschafft hat missbrauchen.

Der Baum der jetzt blüht und an dem wir so viel Freude haben wurde schon von meinem Großvater gepflanzt.

Wenn die Tage wieder wärmer werden und wenn die Natur zu neuem Leben erwacht kehren auch die Vögel zurück.

Der Volksmund sagt dass die Köchin verliebt sei wenn die Suppe versalzen ist und meint dass ihre Gedanken woanders weilten während sie die Suppe würzte.

Der Beistrich in Sätzen mit satzwertigen Wortgruppen

Zu den satzwertigen Wortgruppen zählen die **Nennformgruppe** (Infinitivgruppe) und die **Mittelwortgruppe** (Partizipialgruppe).

Die **Mittelwörter** und die **Nennform** sind besondere Formen des **Zeitwortes** (Verbs).

Man unterscheidet dabei das 1. Mittelwort (1. Partizip) und das 2. Mittelwort (2. Partizip).

Das **1. Mittelwort** (Mittelwort der Gegenwart) drückt aus, dass ein Geschehen eben bzw. gleichzeitig mit einem anderen Geschehen abläuft:

> Der **schlafende** Bub lag auf der Bank.
> Er stellte sich **schlafend**.

Es wird durch Anfügen der Nachsilbe -end an die Stammsilbe des Zeitwortes gebildet.

Das **2. Mittelwort** (Mittelwort der Vergangenheit) wird zur Bildung der Vergangenheit (des Perfekts) verwendet:

> Es hat **geregnet**.
> Der Hund war **entlaufen**.
> Der Versuch war **missglückt**.
> Der Baum wurde **gefällt**.

Das 2. Mittelwort wird zumeist durch Anfügen der Vorsilbe „ge-“ gebildet und endet auf die Silben „-en“ oder „-(e)t“.

Bei Zeitwörtern mit anderen Vorsilben (be-, ver-, miss-) und bei manchen zusammengesetzten Zeitwörtern fällt die Vorsilbe ge- weg: überredet, durchsetzt, missachtet.

Mittelwortgruppen, also Wortgruppen, die mit Mittelwörtern gebildet werden, stehen im einfachen Satz stellvertretend für einen Nebensatz.

Weil er von der gesundheitsschädlichen Wirkung der verschmutzen Luft überzeugt war, zog er aufs Land.	Nebensatz, Hauptsatz.
Von der gesundheitsschädlichen Wirkung der verschmutzten Luft überzeugt(,) zog er aufs Land.	Mittelwortgruppe (Partizipgruppe), Hauptsatz.
Indem sie auf eine Besserung dieses Zustandes hoffen, verbleiben viele Leute in der Stadt.	Nebensatz, Hauptsatz.
Auf eine Besserung dieses Zustandes hoffend(,) verbleiben viele Leute in der Stadt.	Mittelwortgruppe (Partizipgruppe), Hauptsatz.

Die **Nennform** (der Infinitiv) ist jene Form des Zeitwortes (Verbs), in der es gewöhnlich genannt wird und im Wörterbuch als Stichwort zu finden ist.

Die Nennform erkennt man an der Endung -en oder -n: gehen, arbeiten, schreiben, kümmern.

Satzwertige (erweiterte) Nennformgruppen werden mit „zu“ und weiteren Wörtern gebildet und stehen im einfachen Satz ebenfalls stellvertretend für einen Gliedsatz:

Man schlägert die Wälder, **ohne dass man sich um die verheerenden Folgen kümmert.**	Hauptsatz, Nebensatz.
Man schlägert die Wälder(,) **ohne sich um die verheerenden Folgen zu kümmern**.	Hauptsatz, Nennformgruppe mit zu (Infinitivgruppe).

R 19

Zwischen einem Hauptsatz und einer satzwertigen Mittelwort- oder Nennformgruppe (Partizipgruppe, Infinitivgruppe) kann ein Beistrich gesetzt werden, um Missverständnisse auszuschließen.

Beispiele:

Ich wählte, **euren Geschmack kennend**, klassische Musik.
Von der Pracht des Festes angelockt(,) strömten viele Fremde herbei.
Er eilte auf mich zu, **freundlich lächelnd**.
Vor dem Bild kniete eine Frau(,) **tief ins Gebet versunken**.
Langsam fahrend, entdeckten die Polizeibeamten das gesuchte Kind.
Ich bitte dich(,) **diese Uhr für mich zu kaufen**, ich gebe dir gleich das Geld.
Der Arzt versprach(,) **sofort zu kommen**.
Er kam(,) **um zu helfen**.
Lerne leiden(,) **ohne zu klagen**.
Sie ging lieber spazieren(,) **als das Klavierspiel zu üben**.
Manchmal ist nichts so ratsam(,) **wie zu schweigen**.

R 20

Kein Beistrich wird jedoch gesetzt, wenn die Mittelwortgruppe formelhaft im Hauptsatz aufgegangen ist und keinen Gliedsatz vertritt.

Beispiele:

Genaugenommen hat er ganz recht.
Grob gerechnet sind das 10% der Einnahmen.
Ich habe **wie gesagt** keine Zeit gehabt.
Im Grunde genommen war es nur ein Scherz.

R 21

Kein Beistrich wird auch gesetzt, wenn die Nennform mit „zu" nicht erweitert ist und daher keinen Satzwert besitzt.

Beispiele:

Sie glaubte **zu träumen.**
Er wünscht **zu speisen.**
Er hofft **zu siegen.**
Wir rieten **zu folgen.**
Er weiß **sich zu helfen.**
Zu fragen wird wohl erlaubt sein.
Er pflegte nach dem Essen **zu schlafen.**
Zu helfen ist unser aller Pflicht.

R 22

In einigen Fällen kann der Schreibende zusätzlich einen Beistrich zwischen den Bestandteilen einer Wortgruppe oder zwischen dem Hauptsatz und einer satzwertigen Wortgruppe setzen, um Missverständnisse auszuschließen.

Beispiele:

Morgen wird es regnen, angenommen(,) dass der Wetterbericht stimmt.
Wir fahren am Sonntag, ausgenommen(,) wenn es regnet.
Ich glaube nicht, dass er anruft, geschweige(,) dass er vorbeikommt.
Ich komme morgen, gleichviel(,) ob er es will oder nicht.
Ich werde ihnen gegenüber abweisend oder entgegenkommend sein, je nachdem(,) ob sie hartnäckig oder sachlich sind.

R 23

Oft liegt es im Ermessen des Schreibenden, ob er Satzteile als Zusatz oder Nachtrag kennzeichnen will und durch einen Beistrich vom übrigen Satz trennt.

Beispiele:

Sie hat(,) trotz aller guten Vorsätze(,) wieder zu rauchen angefangen. Das war (,) nach allgemeinem Urteil(,) eine Fehlleistung. Die ganze Familie(,) samt Kindern und Enkelkindern(,) besuchte die Großeltern. Ich hatte den Vertrag (,) ohne ihn nochmals gelesen zu haben(,) unterschrieben. Er sah tatenlos zu(,) statt ihm zu Hilfe zu kommen.

Ü 31 *Ergänzen Sie die Beistriche!*

Erich nahm sich vor nach der Schule sofort nach Hause zu gehen. – Er hatte keine Zeit sich zu rasieren. – Sie haben allen Grund sich zu schämen. – Er fuhr in die Stadt um einzukaufen. – Sie ging ohne sich zu verabschieden einfach weg. – Die Gelegenheit sich zu entfernen war günstig. – Anderen zu helfen ist er immer bereit. – Manchmal ist nichts so angezeigt wie zu schweigen. – Es war schwierig Schnee zu finden der hart genug war. – Das Schiff drohte zu versinken. – Erlauben Sie mir Sie bald zu besuchen? – Er braucht nur zu klopfen. – Einzutreten hatte er nicht gewagt. – Er scheint verraten worden zu sein. – Er hofft bei diesem Wettkampf zu gewinnen. – Mein Freund versprach mir bei der Aufgabe zu helfen. – Es ist schwierig das Wasser in den Flüssen rein zu halten. – Er bat ihn sofort nach dem Hund zu suchen. – Zu telefonieren das wäre am einfachsten. – Sie versuchte immer wieder zu fliehen. – Ich bitte Sie vielmals mir zu helfen. – Er hofft zuversichtlich zu genesen. – Sie baten ihn morgen sprechen zu dürfen. – Der Aufseher erlaubte es dem Gefangenen zu schreiben. – Sich selber zu besiegen das ist der schönste Sieg.

Ü 32 *Unterstreichen Sie die Nennformgruppen und ergänzen Sie die Beistriche, wo welche fehlen!*

Automaten im Haushalt

Wir haben eine automatische Waschmaschine. Unsere Mutter benutzt sie um Zeit zu sparen. Man baut solche Automaten um das Waschen zu vereinfachen. Die Mutter bekommt saubere Wäsche ohne selbst zu waschen. Die Maschine nimmt nämlich der Mutter die Arbeit ab. Solche vollautomatische Waschmaschinen kochen waschen spülen und schleudern die Wäsche ohne sich in der Reihenfolge zu irren. Ein Automat ist also eine Einrichtung die selbsttätig eine Arbeit vollbringt.

Unser Kühlschrank ist so ein Automat. Er regelt die Temperatur von selbst. Die Mutter stellt sie nur einmal ein ohne sich weiter darum zu kümmern. Der Automat übernimmt die Verantwortung ohne sich zu täuschen. Wenn die Luft im Schrankinneren zu warm wird setzt er die Kühlmaschine in Betrieb um sie abzukühlen. So bleiben die Lebensmittel längere Zeit frisch.

Auch der Warmwasserspeicher in der Küche ist ein Automat. Die Mutter braucht ihn um jederzeit warmes Wasser zu haben. Er hält acht Liter warmes Wasser bereit. Er hat immer dieselbe Temperatur. Die Mutter stellt sie nur einmal am Automaten ein um Zeit zu gewinnen. Sie hat dann jederzeit warmes Wasser.

Auch auf der Straße gibt es Automaten. Vor der Post kann ich Briefmarken kaufen ohne einen Postbeamten zu sprechen. Ein Automat wechselt sogar Geld ohne einen Fehler zu machen. Andere Automaten geben gegen ein Geldstück Zigaretten Schokolade Blumen Obst ja sogar Flaschenbier heraus. Ich kaufe dort rasch ein statt im Geschäft lange zu warten.

Ergänzen Sie die Beistriche in dem Text von Friedrich Schnack! **Ü 33**

Im Bayerischen Wald

Zwischen Laub- und Nadelbäumen gewachsen ohne Regel und Wahl miteinander verzwängt und verschränkt verkrallt und verkrampft lagen die gestürzten Stämme die Reisenstangen die bemoosten Wipfel dürre Kronen.

Kreuz und quer von alten Stürmen entwurzelt von verzischten Blitzen gespalten von Sommern versengt angekohlt und gebleicht von Wintern zerrissen aufgesprengt und zerfleischt streckten sich die toten Bäume hin vergilbend vermodernd veraschend.

Waldfarne wuchsen auf den Grabhügeln der aus dem Boden herausgekippten Wurzelballen und Krallenwurzeln.

Felsen neigten sich darüber oder hielten mit ihren Steinschultern niedergepolterte Stämme in der Schwebe Brücken und Stege bildend über Schluchten Baumleiber und Abgründe.

Und stolz und gewaltig unbesiegbare Waldhelden erhoben sich die grünen und noch lebenden Bäume die Buchen Fichten Bergahorne.

Der Beistrich bei unvollständigen Sätzen

R 24

Der Beistrich trennt auch **unvollständige Sätze, Rede- und Satzteile** vom Hauptsatz.

In einem unvollständigen **Auslassungssatz** (einer Satzellipse) wird nur der Hauptbegriff wiedergegeben, während die übrigen Satzteile weggelassen werden.

Beispiele:

Holen Sie mir, **bitte,** ein Glas Wasser. (Holen Sie mir, ich bitte Sie darum, ein Glas Wasser.)

Wetten, dass ich Recht habe? (Wollen wir wetten, dass ich Recht habe?)

Der Bau einer neuen Eisenbahn ist, **wie bekannt,** dringend notwendig. (Der Bau einer neuen Eisenbahn ist, wie es ja allgemein bekannt ist, dringend notwendig.)

Ehre verloren, alles verloren. (Wenn die Ehre verloren ist, ist alles verloren.)

Falls nötig, wird er die Geräte mitbringen. (Falls es nötig sein sollte, wird er die Geräte mitbringen.)

Vielleicht, dass er noch kommt. (Vielleicht ist es so, dass er noch kommt.)

Ich weiß nicht, **was anfangen.** (Ich weiß nicht, was ich anfangen soll.)

Bestimmen Sie die Satzform und ergänzen Sie die fehlenden Beistriche! **Ü 34**

Die Hyänen des Amazonas

Wasserarme unendlich verästelt durchziehen die Wälder des Amazonenstromes. Durch den schmalen Streifen den die grünen Dschungelmauern frei lassen sticht senkrecht die Sonne herunter. Lautlos gleiten wir mit unserem Boot durch die glühende Hitze. Da löst sich aus dem grünen Dunkel ein großer Vogel der ins Sonnenlicht kommend silberweiß aufglänzt. Ich reiße mein Gewehr hoch um ihn zu erlegen. Ein Schuss und sieben Meter vom Boot entfernt fällt das Tier ins Wasser. Schnelle Furchen blitzen auf einmal auf der Vogel scheint wieder Leben zu bekommen. Um ihn beginnt das Wasser zu brodeln. Der Vogelleib von unsichtbaren Kräften nach unten gerissen wird hin und her gezerrt. Blutig färbt sich das Wasser. Vielleicht dass wir die Jagdbeute noch retten können. Das Boot ist auf zwei Meter herangekommen. So schnell der Spuk entstand so schnell ist er verschwunden. Ruhig liegt der Vogel wieder an der Wasseroberfläche die Flügel weit auseinander gespreizt.

Wir ziehen die Beute heraus aber nur ein Skelett ohne eine Faser Fleisch daran halten wir in den Händen. In wenigen Sekunden hatten gierige Rachen mit rasiermesserscharfen Zähnen dies zuwege gebracht nämlich die Rachen der Hyänen der Amazonasgewässer der blutgierigen Raubfische.

R 25

Kein Beistrich steht **vor und nach „bitte“**, wenn dieses Wort nicht besonders betont wird und als Höflichkeitsformel gedacht ist (also keine wirkliche Bitte ausdrückt).

Kein Beistrich steht auch **in unvollständigen Gliedsätzen,** die mit **„wie“** oder **„wenn“** eingeleitet werden und formelhaft geworden sind.

Beispiele:

Bitte wenden Sie sich an Herrn Oberleitner.
Geben Sie mir bitte das Buch zurück!
Er ging wie üblich (üblicherweise) schon um 21 Uhr zu Bett.
Komm doch wenn möglich (möglichst) um 10 Uhr.
Sie ging wie immer (gewohntermaßen) am Abend spazieren.

Der Beistrich beim Zusammentreffen mit anderen Satzzeichen

Wenn ein Beistrich mit anderen Satzzeichen zusammentrifft, gelten folgende Regeln:

R 26

a) Der Beistrich steht **bei der direkten Rede** vor dem öffnenden und nach dem schließenden Anführungszeichen.
b) Der Beistrich trennt beigeordnete Hauptsätze auch dann, wenn der vorausgehende Hauptsatz mit einer **direkten Rede** abschließt.
c) Auch wenn die **direkte Rede** mit einem **Fragezeichen** oder einem **Rufzeichen** schließt, ist nach der direkten Rede **ein Beistrich** zu setzen.
d) nach einem **eingeschobenen Satz,** der zwischen **Gedankenstrichen** steht, muss dann ein Beistrich gesetzt werden, wenn er auch ohne Schaltsatz hätte stehen müssen.
e) **Schaltsätze,** also in einen anderen Satz eingeschobene Sätze, können entweder durch **Beistriche** oder durch **Gedankenstriche** vom übrigen Satz getrennt oder zwischen **Klammern** gesetzt werden.

Beispiele:

Zu a)
„Ich glaube“, meinte er, „dass sich das Wetter verschlechtern wird.“
Zu b)
Der Vorsteher fragte: „Haben Sie den Akt schon bearbeitet?“, dabei sah er auf die Uhr und ging hinaus.
Zu c)
„Wann kommst du zurück?“, fragte der Vater.
„Komm doch her!“, rief Ilse.
Zu d)
Ich hatte einmal die Absicht – es ist schon lange her –(,) einen Versicherungsvertrag abzuschließen.
Zu e)
Er verachtete, das sei zu seiner Ehre gesagt, jede Lüge.
Er verachtete – das sei zu seiner Ehre gesagt – jede Lüge.
Er verachtete (das sei zu seiner Ehre gesagt) jede Lüge.

Ergänzen Sie die fehlenden Beistriche! **Ü 35**

Die Pracht blühender Wiesen wessen Auge hätte nicht schon mit Wohlgefallen darauf geruht erfreut in jedem Jahr unser Auge. – Die Bienen kriechen in die einzelnen Blüten sie sammeln ja Blütenstaub und Blütensäfte tragen an Rücken und Füßen den Blütenstaub von Blüte zu Blüte und befruchten sie. – Mein Bruder ein richtiger Bücherwurm hatte den umfangreichen Roman in wenigen Tagen gelesen. – „Freilich" erwiderte der Gast „wenn ich etwas Gutes haben kann für mein Geld." – „Ja" meinte die alte Frau mit einem Seufzer „lieber wär's mir gewesen wenn mein Sohn etwas Gescheites geworden wär'." – „Ja wieso denn?" fragte der Redner und blickte dabei um sich.

Der Beistrich in mehrfach zusammengesetzten Sätzen

Sätze, die aus mehreren Haupt- und Nebensätzen bestehen, sind mehrfach zusammengesetzte Sätze (Satzperioden). Um solche Sätze dem Leser verständlich zu machen, ist die richtige Beistrichsetzung sehr wichtig. Für mehrfach zusammengesetzte Sätze gibt es keine besonderen Beistrichregeln, doch müssen alle Beistrichregeln, die bisher besprochen wurden, sinngemäß angewendet werden. Im Zweifelsfall muss man solche Sätze zerlegen, die Teilsätze bestimmen und übersichtlich darstellen.

Beispiele:

Im Weltraum kann der Mensch normalerweise nicht leben,	1. Hauptsatz
er muss also,	2. Hauptsatz, 1. Teil
wenn er die Erde verlässt,	1. Nebensatz
seine eigene kleine Welt mitnehmen,	2. Hauptsatz, 2. Teil
die ihn schützt,	2. Nebensatz
in der er weiterleben kann.	3. Nebensatz

Dieser Satz könnte auch folgendermaßen veranschaulicht werden:

1. H. , 2. H./1. Teil , 2. H./2. Teil ,

↑ 1. N. , ↑ 2. N. 3. N.

Ü 36 *Gliedern Sie die folgenden Sätze und ergänzen Sie die Beistriche!*

Der Mensch kann mehr und mehr Anteil nehmen an allen geistigen und kulturellen Gütern der Menschheit sein Gesichtskreis wird sich ständig verändern der schöpferischen Entfaltung seiner Persönlichkeit sind keine Grenzen gesetzt.

Die Verwendung solcher Automaten die lernen können die körperlich schwere und geistig monotone Arbeit übernehmen die eine Vielzahl von Prozessen automatisch steuern und überwachen bildet eine Seite der materiell-technischen Basis.

Von Stund an lagen uns die Kinder in den Ohren für den Abend des Taschenspielers Eintrittskarten zu nehmen und obgleich uns die späte Abendstunde der Veranstaltung um neun Uhr von vornherein Bedenken machte gaben wir nach da wir ja nach einiger Kenntnisnahme von Cipollas bescheidenen Künsten nach Hause gehen da auch die Kinder am folgenden Morgen ausschlafen konnten und erstanden von Signora Angiolieri selbst die eine Vielzahl von Vorzugsplätzen für ihre Gäste in Kommission hatte unsere vier Karten. (Thomas Mann)

An der Rampe stehend und sich mit lässigem Zupfen seiner Handschuhe entledigend wobei er lange und gelbliche Hände entblößte deren eine ein Siegelring mit hochgradigem Lasurstein schmückte ließ er seine kleinen strengen Augen mit schlaffen Säcken darunter musternd durch den Saal schweifen nicht rasch sondern indem er hie und da auf einem Gesicht in überlegener Prüfung verweilte verschlafenen Mundes ohne ein Wort zu sagen. (Thomas Mann)

Ü 37 *Ergänzen Sie die fehlenden Beistriche in dem Text von Carl Zuckmayer!*

Die Weinberge von Nackenheim

Während die Obstbäume klein und knorrig sind vielfach verbogen holzbraun und spröd vom Winter hell überschneit im ersten Frühling gelbgrün und schwer beladen mit rundem Fruchtbrot oder behauchtem Pflaumenblau im Herbst stehen die Weinstöcke steif und nüchtern kerzengerade in endlosen Reihen am Berg. Durch alle Jahreszeiten bleiben die Hölzer gleich kaum ändert das Laub seine Farbe immer scheint das lehmige Rot der Erde hindurch nur kurz vor der Lese flammt manchmal alles in heißem südlichem Licht auch bei trübem Himmel und kühler Regenflut.

Nirgends ist so viel Rot in wechselnder Schicht durch die Landschaft gesprengt: der matte Ton dünner Rohrpfeifen das Grell zerbröckelnder Ziegel das verwaschene Karmin gewittriger Abendhimmel der rostige Brand alter Radreifen auf regenweichen Fahrstraßen und die volle gesättigte Röte von den Brustfedern des Blutfinks vorherrschend aber Rost und Ziegel von bläulichen Schatten gedämpft. Steinige Wege klettern schmal von Terrasse zu Steinhang und Gipfel im Sommer von kupfrigem Staub überkrustet und kaum von einem Menschen betreten.

Ergänzen Sie die Beistriche! **Ü 38**

Kapital ist nicht immer Geld

Jeder Betrieb braucht Kapital zur Anschaffung der nötigen Produktionsmittel. Vom Erlös aus dem Warenverkauf (Absatz) muss ein Unternehmer die Kosten decken. Löhne Material und Steuern müssen bezahlt werden. Was übrig bleibt ist der Gewinn. Aus dem Gewinn muss der Unternehmer Kapital bilden um seinen Maschinenpark zu erweitern oder zu erneuern. Er investiert. Die Sachwerte die so geschaffen werden nennt man Sachkapital den zur Erzeugung nötigen Rohstoff zirkulierendes oder umlaufendes Kapital (Anlagekapital). Beim Bau einer Maschine z. B. hat man aus Einzelteilen als aus geringeren Werten einen weit größeren Wert geschaffen. Alle die daran mitgearbeitet haben waren an dieser Wertschaffung beteiligt. Alle Wertschaffungen in einem Land zusammengerechnet ergeben das Sozialprodukt (Nationalprodukt). Es ist die Summe der Wertschaffungen.

Alle arbeitenden Menschen sind an der Entstehung des Sozialproduktes beteiligt. Dieses Sozialprodukt kann man mit einem Kuchen vergleichen von dem alle gemäß ihrer Leistung ein Stück erhalten. Sollen alle mehr erhalten so muss der Kuchen größer werden. Dies gelingt nur wenn die Produktivität der Arbeit steigt das heißt wenn der Einzelne mehr oder Besseres erzeugen kann. In dem Ausmaß in dem die Produktivität steigt können auch die Löhne erhöht werden. Steigen sie aber rascher als das Produktivitätswachstum es zulässt so führt dies zu schweren wirtschaftlichen Schäden weil zuwenig Geld für Investitionen also für die Erneuerung oder Modernisierung der Produktionsanlagen verbleibt.

Ü 39 *Ergänzen Sie die Beistriche!*

Produktion und Produktivität

Produktion und Produktivität sind Begriffe die immer wieder miteinander verwechselt werden entweder aus Unkenntnis oder aber (dies insbesondere in lohnpolitischen Auseinandersetzungen) mit voller Absicht.

Was „Produktion" bedeutet bedarf wohl keiner Erläuterung zumindest soweit es um die Erzeugung von Sachgütern geht. „Produktion" ist aber auch die Erbringung von Dienstleistungen insbesondere jener des Handels denn die Warenverteilung ist ebenso wichtig wie die Warenerzeugung im engeren Sinn. In hoch industrialisierten Ländern kann der Anteil der Dienstleistungen im weitesten Sinne – Handel Verkehr Fremdenverkehr Bank- und Versicherungsdienste Wartung Reparatur Körperpflege Beratung Unterhaltung Verwaltung nicht zuletzt Bildung und Erziehung – mehr als die Hälfte der Gesamtproduktion ausmachen. So leicht ist der Begriff „Produktion" zu definieren so schwierig ist die Produktion zu messen sofern sie nicht aus einfachen Gütern von vergleichbarer Qualität (z. B. Salz) besteht. Soll beispielsweise die Produktion von Schrauben von winzigen für Uhren bis zu kiloschweren für Eisenkonstruktionen in Stücken oder soll sie mit Tonnen beziffert werden? Berücksichtigt man aber bei der Ermittlung der Gesamtproduktion sei es eines einzelnen Unternehmens sei es einer ganzen Volkswirtschaft und insbesondere bei der Berechnung der Produktionssteigerung den Wert der erzeugten Güter wird die Zunahme des Produktionsvolumens durch etwaige Praxisänderungen verzerrt.

Verzeichnis der Zweifelsfälle bei der Beistrichsetzung

aber:

Edith ist blond, aber ihre Geschwister sind dunkelhaarig. (R 4)

Sie hat aber doch Recht.

abgesehen davon, dass . . . :

Es hat keine Unfälle gegeben, abgesehen davon, dass einmal die Bremsen versagten. (R 13)

Abgesehen davon gab es keine Unfälle.

ach:

Ach, wann nimmt der Lärm denn ein Ende? (R 5)

Ach komm doch!

Achtung:

Achtung, Lawinengefahr! (R 5)

Achtung auf den Zug!

allein:

Er spielt hevorragend, allein zu selten. (R 6)

Allein kann er die Aufgabe nicht machen.

allerdings:

Er kam bald zurück, allerdings ohne das Fahrrad. (R 6)

Ich habe das Buch allerdings nicht studiert.

alles:

Er bemerkte alles, was vorgefallen war. (R 13)

Es wird alles wieder gut.

als:

Die Feuerwehr kam erst, als es schon stark brannte. (R 13)

Er ist größer als du.

als dass:

Der Plan ist zu kompliziert, als dass er verwirklicht werden könnte. (R 13)

als ob:

Er tut so, als ob er nicht bis drei zählen könnte. (R 13)

also:

Das ist ein veraltetes, also unbrauchbares Modell. (R 6)

Ich habe also doch Recht.

am:

Wien, am 17. Juni 1996 (R 8)

andere:

Der eine zog dahin, der andere dorthin. (R 4)

andernfalls:

Er forderte Geld, andernfalls würde er mich anzeigen. (R 15)

Anrede:

Liebe Grete, ich wünsche dir alles Gute zum Geburtstag.

Anschrift (im fortlaufenden Text):

1010 Wien, Tiefer Graben 9 (R 10)

anstatt (dass):

Der Richter sprach ihn frei, anstatt ihn zu bestrafen. (R 19)

Sie verabschiedete sich von ihm, anstatt dass sie ihn eingeladen hätte. (R 4)

Lache(,) anstatt zu weinen! (R 18)

auch:

Wir spielen oft Klavier, auch vierhändig. (R 6)

Ich habe alles vergessen, auch was ich einmal gelernt habe. (R 13)

Ich weiß auch nicht alles.

Sie wird auch mitkommen.

auf:

Auf, ihr faulen Kerle! (R 5)

Aufzählung:

Ich esse Äpfel, Birnen und Zwetschken besonders gern. (R 1)

Ich esse sowohl Äpfel als auch Birnen und Zwetschken besonders gern. (R 2)

Ausrufe:

Hilfe, es brennt! (R 5)

Halt, nicht weitergehen! (R 5)

außer:

Wir gehen täglich spazieren, außer bei Regenwetter. (R 6)

Alle außer ihm stimmten zu.

außerdem:

Bringe mir bitte die Zeitung mit, außerdem eine Postkarte. (R 6)

Bringe mir bitte die Zeitung und außerdem eine Postkarte.

bald – bald:

Bald parkt er hier, bald dort.

Er wird bald kommen.

Beisatz (Apposition):

Der Minister, ein hervorragender Kunstkenner, eröffnete die Ausstellung. (R 7)

Kaiser Karl der Große lebte um 800 n. Chr. (Die Apposition ist ein Teil des Namens.)

beispielsweise:

Das Buch gibt es auch mit einem anderen Einband, beispielsweise in Leder. (R 6)

besonders:

Ich esse gern Obst, besonders Äpfel. (R 6)

Die Kälte war in dieser Nacht besonders spürbar.

bevor:

Du darfst nicht zu deinem Freund gehen, bevor du die Aufgabe gemacht hast. (R 13)

Er starb drei Wochen bevor sein Sohn geboren wurde.

beziehungsweise:

Schon mein Vater beziehungsweise mein Großvater war Tischler. (R 2)

bis:

Er wohnte in diesem Haus, bis er starb. (R 13)

Er wohnte bis zu seinem Tode in diesem Haus.

bitte:

Senden Sie mir, bitte, das Buch umgehend zurück! (R 24)

Nehmen Sie das bitte zur Kenntnis. (R 25)

da:

Erst jetzt, da er alles verloren hatte, kam er. (R 13)
Da ich nicht anwesend war, kann ich darüber nichts sagen.
Wenn ich schon gehen muss, da gehe ich lieber gleich.
Wer wohnt denn da drüben?

dafür:

Das Mädchen ist hässlich, dafür aber tüchtig. (R 4)
Er ist oft krank, dafür kann er nichts. (R 15)
Er kann nichts dafür.

dagegen:

Sie liest nicht gerne Bücher, dagegen liebt sie den Sport. (R 15)
Er wird nichts dagegen tun,
Was hast du dagegen?

daher:

Alle arbeiten fleißig, daher verdienen sie auch gut. (R 15)

damit:

Hänge die Wäsche auf, damit sie schnell trocknet! (R 13)
Er hat das Diplom erworben, damit kann er viel anfangen. (R 15)
Sie hat damit gewiss Recht.

dann:

Erst musst du denken, dann reden. (R 1)
Die Ampel zeigte zuerst Rot, dann Gelb, dann Grün. (R 1)
Wenn du nicht pünktlich kommst, dann sind wir nicht mehr da. (R 13)
Sie lächelte, dann sagte sie: „Danke!“ (R 15)
Erst das Geld und dann die Ware. (R 2)

darum:

Er spricht Englisch, darum kann er sich gut verständigen. (R 13)
Darum hat er unrecht.

das heißt:

In einer Demokratie werden die Gesetze vom Volk selbst, das heißt durch die vom Volk gewählten Vertreter beschlossen.

Bei großer Hitze, das heißt, wenn die Raumtemperatur über 30 Grad steigt, schließt der Unterricht schon um 11 Uhr. (R 6)

dass:

Ich weiß, dass er die Prüfung bestanden hat. (R 13)

Dadurch, dass du zögerst, wird deine Lage nicht besser. (R 13)

Sorge dafür, dass er kommt und dass er keinen Verdacht schöpft. (R 17)

Es ist besser so, als dass er entlassen wird.

Datumsangaben:

Die Tagung findet Montag, den 9. November 19.. statt. (R 8)

Die Tagung findet am Montag, dem 9. November 19.., statt. (R 7)

dazu:

Er kaufte Äpfel und Birnen, dazu für die Nachbarin schöne Trauben. (R 1)

Das kannst du mir telefonisch mitteilen, dazu brauchst du nicht zu kommen. (R 15)

Sie kam unschuldig dazu.

demnach:

Schon im Mai, demnach vor der Ausschreibung des Postens, reichte er sein Bewerbungsschreiben ein. (R 6)

Die Ware kann demnach nicht verdorben sein.

denn:

Er blieb zu Hause, denn es regnete in Strömen. (R 13)

Was hat er denn?

dennoch:

Das Unternehmen war aussichtslos, dennoch wollte er nichts unversucht lassen. (R 13)

Er versuchte es dennoch immer wieder.

desgleichen:

Er hatte Schwierigkeiten in Mathematik, desgleichen machte ihm Latein zu schaffen. (R 15)

deshalb, deswegen:

Er verdiente wenig, deshalb suchte er eine Nebenbeschäftigung. (R 15)

Du brauchst dir deswegen keine Sorgen zu machen.

desto:

Je schneller er fuhr, desto unsicherer wurde er. (R 13)

Seit diesem Vorfall schätze ich ihn desto mehr.

doch (jedoch):

Ich wollte ihn besuchen, doch er war nicht anwesend. (R 15)

Ich wollte ihm helfen, doch vergebens. (R 6)

So hilf mir doch!

ebenso:

Herr Müller hat das Gerät bestellt, ebenso Frau Berger. (R 1)

Er hatte das Trinken aufgegeben, ebenso wie er schon früher zu rauchen aufgehört hatte. (R 15)

Der Fremdenverkehr ist für uns ebenso wichtig wie der Außenhandel.

ehe:

Er prüfte alle Möglichkeiten, ehe er sich zum Kauf entschloss. (R 13)

Eine halbe Stunde ehe der Zug ankam, war er auf dem Bahnhof.

einerseits – and(er)erseits:

Einerseits hatte er sein Kommen versprochen, andererseits wollte er die Vorstellung nicht versäumen. (R 15)

Der Junge war einerseits noch sehr verspielt, andererseits auch unaufmerksam. (R 4)

einesteils – andernteils:

Er las einesteils Romane, andernteils Fachbücher. (R 4)

endlich:

Er suchte lange nach dem Geld, endlich fand er es in einer Lade. (R 15)

Gib doch endlich Ruhe!

entweder – oder:

Entweder du gräbst den Baum aus(,) oder du schneidest ihn knapp über dem Boden ab. (R 15)

Es war entweder Gerhard oder Rudolf.

falls:

Ich möchte, falls morgen schönes Wetter ist, baden gehen (R 13)

Falls dir ein Kleid gefällt, kaufe es dir.

freilich:

Das habe ich veranlasst, freilich kannte ich deine Entscheidung damals noch nicht. (R 15)

Er konnte das freilich nicht wissen.

geborene:

Ilse Müller, geborene Hofer, ist umgezogen. (R 7)

Ilse Müller geborene Hofer ist umgezogen. (Geburtsname wird als Teil des Familiennamens angesehen.)

Gegensätze werden stets durch Beistriche getrennt:

Wenig, aber gut.

Heute mir, morgen dir.

gerade als:

Mein Onkel kam gerade, als ich fortgehen wollte. (R 13)

Mein Onkel kam, gerade als ich fortgehen wollte.

gleichsam:

Sie hob die Hand, gleichsam als wollte sie mich schlagen. (R 13)

Sie hob die Hand, gleichsam, als wollte sie mich schlagen. (Gleichsam wird als Auslassungssatz aufgefasst. R 24)

gleichgültig ob:

Ich werde ihn beschäftigen, gleichgültig ob er die Meisterprüfung abgelegt hat oder nicht. (R 13)

halb – halb:

Halb stimmte er zu, halb zögerte er. (R 15)

hingegen:

Er war sehr fleißig, hingegen fehlte ihm die Fähigkeit(,) sich neuen Situationen anzupassen. (R 13)

Das Anstreichen hingegen gefiel ihm gar nicht.

hoffen:

Ich hoffe, dass ich gewinnen werde. (R 13)

Ich hoffe zu gewinnen. (R 21)

im:

Linz, im Mai 1996 (R 8)

Linz im Schnee

indessen:

Manches missfiel mir schon, indessen nahm ich es als unveränderlich hin. (R 13)

In dieser Gegend indessen gibt es fast kein Hochwild.

infolgedessen:

Ich lebte noch nicht lange in dieser Stadt, infolgedessen kannte ich mich nicht gut aus. (R 13)

Ich war noch nicht lange in dieser Stadt und kannte mich infolgedessen nicht gut aus. (R 16)

insofern:

Er hatte für seine Frau gut vorgesorgt, insofern er einige Realitäten erworben hatte. (R 13)

inwiefern:

Ich weiß nicht, inwiefern das hierher gehört. (R 13)

ja:

Ja, so ist es! (R 5)

Das wird ja kaum der Fall sein.

je – desto:

Je älter er wird, desto nachsichtiger urteilt er. (R 4)

kaum dass:

Die Vorstellung begann, kaum dass wir die Plätze eingenommen hatten. (R 13)

Ich glaube kaum, dass er mitmachen wird. (R 13)

nachdem:

Wir erreichten den Gipfel des Berges erst, nachdem die Sonne untergegangen war. (R 13)

Sein Vater starb zwei Wochen nach dem Unfall.

Namen:

Universitätsprofessor Dr. Helmut Hofer, Vorstand der chirurgischen Klinik, wohnt in St. Pölten. (R 9)

Franz Berger, Tischlermeister, Wien 3, Beatrixgasse 8. (R 7)

Der Tischlermeister Franz Berger wohnt in der Beatrixgasse 8 in Wien.

Ludwig der Heilige starb früh.
Anna Frey(,) geb. Müller(,) wohnt hier nicht. (R 7)
Elstner(,) Karl Josef(,) . . .

nämlich:
Ich werde später kommen, nämlich erst gegen neun Uhr. (R 4)
Ich habe ihm etwas Unangenehmes mitgeteilt, nämlich dass er nicht befördert werde. (R 13)

nicht nur – (sondern) auch:
Nicht nur Erwachsene, auch Jugendliche sind herzlich eingeladen. (R 4)

nur:
Die Straßen sind gut geräumt, nur wenn sich Glatteis bildet, musst du langsam fahren. (R 13)
Er hat nur das Beste gewollt.

ob:
Ich weiß nicht, ob er kommen wird. (R 13)
Und ob sich das lohnt!

obgleich:
Er half mir bereitwillig, obgleich er wenig Zeit hatte. (R 13)

oder:
Du musst jetzt gehen(,) oder du wirst zu spät kommen. (R 15)
Du musst herrschen oder dienen, leiden oder triumphieren, Hammer oder Amboss sein. (R 2)
Er fragte, ob für ihn ein Brief gekommen sei oder ob während seiner Abwesenheit jemand nach ihm gefragt habe. (R 17)

oh:
Oh, ist das aber schön! (R 5)

ohne dass:
Keiner durfte das Haus verlassen, ohne dass er untersucht worden wäre. (R 13)

ohne zu:
Er antwortete(,) ohne mich anzusehen. (R 18)
Ohne anzuklopfen trat sie ein. (R 21)

Ortsangaben:

Wien, den 17. Febraur 1996

Wien, am 17. Februar 1996

Salzburg, 17. Februar 1996 (R 8, R 10)

Schaltsätze:

Er verachtete, das sei zu seiner Ehre gesagt, jede Lüge. (R 15)

sobald:

Er erschien, sobald er sich frei machen konnte. (R 13)

sodass (so dass):

Die Sonne blendete den Fahrer, sodass (so dass) er das entgegenkommende Fahrzeug nicht bemerkte. (R 13)

Die Sonne blendete den Fahrer so, dass er das entgegenkommende Fahrzeug nicht bemerkte.

sofern:

Es bleibt bei dieser Abmachung, sofern ich heute nicht zurückrufe. (R 13)

solange (so lange):

Du darfst, solange ich verreist bin, keine Arbeiten übernehmen. (R 13)

Du musst so lange warten, bis sie kommt.

somit:

Die Partei hatte viele Stimmen eingebüßt, somit musste er auf seinen Abgeordnetensitz verzichten. (R 13)

Er war somit entlassen.

sondern:

Er fuhr nicht mit dem Auto, sondern mit dem Fahrrad. (R 4)

Nicht er hat das Geländer gestrichen, sondern der Anstreicher war mit der Arbeit beauftragt worden. (R 15)

sonst:

Ich hoffe, dass du einverstanden bist, sonst müssen wir uns einen anderen Mitarbeiter suchen. (R 15)

Er war sonst immer pünktlich.

sooft (so oft):

Er wohnte, sooft er nach Innsbruck kam, immer in dieser Pension. (R 13)

Er gewann so oft, warum sollte er auch diesmal gewinnen?

soviel (so viel):

Er will sich, soviel ich weiß, ein Haus bauen. (R 13)

Er hat ja so viel Zeit.

soweit (so weit):

Hilf ihm, soweit es dir möglich ist! (R 13)

Er will so weit wie möglich springen.

sowie:

Er wartete ihr Eintreffen ab(,) und sowie er sie sah, verließ er den Raum. (R 15)

Er verließ den Raum, sowie sie eintrat. (R 13)

Erich sowie Hans spielten mit. (R 2)

sowohl – als auch:

Sowohl die Alten als auch die Jungen hatten Freude an dem Fest. (R 3)

statt:

Du gibst unnötig Geld aus(,) statt zu sparen. (R 18)

Richtig muss es heißen „Monat" statt „Monet".

teils – teils:

Er lebte teils in Zürich, teils in Wien. (R 4)

Teils wanderte er in seiner Freizeit, teils fuhr er Rad. (R 15)

Titel:

Hofrat Dr. Hans Neuber, der Landesschulinspektor, besuchte ihn mehrere Male. (R 9, R 10)

Der Landesschulinspektor Hofrat Dr. Neuber besuchte ihn mehrere Male. (R 9)

Dr. Hans Gruber, Facharzt für Hautkrankheiten, wohnt im 9. Bezirk. (R 10)

trotzdem:

Er bemühte sich sehr, trotzdem erreichte er sein Ziel nicht. (R 13)

Er bemühte sich sehr(,) und trotzdem erreicht er nichts. (R 15)

überdies:

Er zog sich einen Pullover an, überdies einen Mantel. (R 1)

Er zog sich einen Pullover an, überdies nahm er einen Mantel mit. (R 15)

umso (um so):

Er war bisher stets gesund, umso (um so) mehr überraschte uns seine schwere Erkrankung. (R 13)

Seine schwere Erkrankung überraschte uns umso (um so) mehr, als er bisher stets gesund war. (R 13)

um zu:

Man muss essen, um zu leben, und nicht leben, um zu essen. (R 18)

Er betrat das Geschäft(,) um sich einen Anzug zu kaufen. (R 13)

und:

Es dauerte nicht lange(,) und sie waren fertig. (R 15)

Max fliegt nach Paris(,) und Karl fliegt nach Tunis. (R 15)

Der Baum, der jetzt blüht und an dem wir so viel Freude haben, wurde schon von meinem Großvater gepflanzt. (R 1)

Nur noch an warmen Tagen verlassen die Eichkätzchen die schützende Nestkugel und rasseln stammauf und stammab in munterem Spiel. (R 16)

Hilde und Walter wanderten durch den Wald. (R 2)

Und er kam nicht und er kam nicht. (R 15)

und zwar:

Ich werde kommen, und zwar bald. (R 6)

ungeachtet:

Er sprang in den Strom, ungeachtet des kalten Wassers. (R 6)

Ungeachtet des kalten Wassers sprang er in den Strom.

unvollständige Sätze:

Ende gut, alles gut. (R 23)

Vielleicht, dass er kommt. (R 23)

vielmehr:

Das ist kein Schulbuch, vielmehr ein Nachschlagewerk für Erwachsene. (R 4)

Er glaubt vielmehr an eine Verschärfung der Lage.

vorausgesetzt(,) dass . . .:

Wir wollen schwimmen gehen, vorausgesetzt(,) dass das Wetter schön bleibt. (R 13)

Vorausgesetzt(,) dass er die Prüfung bestehen wird, kann er aufgenommen werden. (R 19)

während:

Die Kinder warteten bereits vor der Tür, während die Mutter noch die Koffer packte. (R 13)

Wir ersuchten sie(,) während unseres Urlaubs die Blumen zu gießen. (R 19)

Er hat während der ganzen Vorstellung geschlafen.

weder – noch:

Er hat mir weder beruflich geholfen, noch hat er mir Geld geliehen. (R 4)

Ich habe weder Hunger noch Durst. (R 2)

weil:

Er konnte nicht kommen, weil er krank war. (R 13)

Er war ein geschätzter, weil sehr gerechter Vorgesetzter. (R 6)

wenn:

Ich gehe spazieren, wenn ich Lust dazu habe. (R 13)

Ich komme gern, ausgenommen(,) wenn ich dringende Arbeiten zu erledigen habe. (R 19)

Das tue ich nicht(,) und wenn (auch wenn) er böse auf mich ist. (R 15)

wie:

Seine Spesen, wie Reise und Nächtigungskosten, werden ihm ersetzt. (R 6)

Ich erklärte ihm, wie ich das gemacht habe. (R 13)

Ich bin wie zerschlagen.

Zeitangaben:

Die nächste Sitzung findet am Montag, dem 3. Mai, um 10 Uhr statt. (R 8)

Die nächste Sitzung findet Montag, den 3. Mai um 10 Uhr(,) statt. (R 8)

zumal:

Mir ist nie langweilig, zumal ich zwei Enkelkinder habe. (R 13)

Der Strichpunkt

R 27

Den **Strichpunkt** (das Semikolon) setzt man bei Aufzählungen anstelle eines Beistriches, um inhaltlich Zusammengehöriges in Satzperioden erkennbar zu machen. Häufig ist es jedoch zu empfehlen, anstelle des Strichpunktes einen Punkt zu setzen, weil kürzere Sätze leichter lesbar sind.

Beispiele:

Das Kaufhaus führt Waren aller Art: Samt und Seide, Damast, Wolle, Baumwolle, fertige Kleider und Anzüge, Mäntel, Blusen, Hosen; Teppiche und sonstige Bodenbeläge; Möbel und Einrichtungsgegenstände; Lebensmittel aller Art; Werkzeuge, Gartengeräte.

Unsere Interpunktion kennt 10 Satzzeichen: Punkt, Fragezeichen, Ausrufzeichen; Beistrich, Strichpunkt, Doppelpunkt; Gedankenstrich, Anführungszeichen, Klammern, Auslassungszeichen.

R 28

Einen **Strichpunkt** setzt man **in der Hauptsatzreihe,** wenn der Beistrich die einzelnen Hauptsätze zu schwach trennt, namentlich aber vor den begründenden oder entgegenstellenden Bindewörtern denn, daher, darum, deshalb, allein, doch, aber u. dgl.

Beispiele:

Du darfst mitgehen; doch es wäre besser, du bliebest zu Hause.

Die Angelegenheit ist erledigt; darum wollen wir nicht länger darüber sprechen.

R 29

Der **Strichpunkt** steht auch **in mehrfach zusammengesetzten Sätzen** (Satzperioden), um die Sätze stärker als durch Beistriche zu trennen.

Beispiele:

Der Mond ist aufgegangen, die goldnen Sternlein prangen am Himmel hell und klar; der Wald steht schwarz und schweiget(,) und aus den Wiesen steiget der weiße Nebel wunderbar. (Eichendorff)

Die arme Frau musste sich sehr quälen(,) um sich und ihr Kind ehrlich durchzubringen; in der kleinen Schlafkammer, deren Fenster nach dem Hof hinaussahen, lag sie manche Nacht wachend in großen Sorgen. (Raabe)

Ergänzen Sie die Beistriche und Strichpunkte in dem folgenden Text von Hermann Löns! Vergleichen Sie anschließend mit der Lösung im Anhang des Buches! **Ü 40**

In der Heide

Die Heide röstet in der Mittagshitze zundertrocken ist sie kommt eine leichte Brise dann mülmt der Sand auf dem Weg wo die Schafe hintreten knistert alles die Schlange die auf der Eidechsenjagd ist lässt das brechdürre Rentiermoos knistern.

Seit Wochen ist es schon so alle Gräben stehen leer die Torfstiche sind trocken durch das Moor kann man in Schuhen gehen der Bach kann nicht mehr weiter das Torfmoos hat rote und blaue Hungerfarben auf den Bruchwiesen kümmert das Gras und die Heide kann nicht recht blühen.

Der alte Heinrich macht ein ernstes Gesicht er kommt von seinem Immenzaun in der Brandheide. Da sieht es schlimm aus viele tote Immen liegen vor den Stöcken und er hatte doch immer gefüttert aber die zu Stock flogen hatten enge Hosen an voriges Jahr kamen sie immer in Pumphosen. Das gibt schlechte Beute diesmal.

Setzen Sie die fehlenden Beistriche und Strichpunkte ein! **Ü 41**

Im Zeichen der Bauernkriege

Bisher waren die Bauern der Fronherrschaft mit Leib und Leben verpflichtet sie mussten sich schmiegen und biegen mussten um jede Erleichterung bitten und betteln hatten kaum etwas zu beißen und zu brocken auf Schritt und Tritt wurden sie überwacht sie waren nicht einmal sicher in Haus und Hof sie lebten schlecht und recht dahin und nahten ihren Herren stets demütig und wehmütig.

Nun wollten sie frank und frei los und ledig von jedem Zwang sein ihre Verpflichtungen waren für sie null und nichtig der Aufstand brach an allen Ecken und Enden aus sie waren voll Gift und Galle auf ihre Peiniger und trieben es wüst und wild mit ihnen für sie gab es weder Recht noch Gesetz weder Kaiser noch König sie fragten nicht nach Himmel und Hölle ihre Losung war: Biegen oder Brechen sie schlugen alles kurz und klein plünderten Küche und Keller aßen und tranken sich toll und voll. Ihre Herren hatten bisher in Saus und Braus gelebt waren in Samt und Seide gegangen jetzt sahen sie mit Hangen und Bangen mit Zittern und Zagen die aufrührerischen Bauern nahen sie wurden von Haus und Hof von Heim und Herd vertrieben sie flohen mit Sack und Pack es wurde ihnen Schimpf und Schande Hohn und Spott Schand und Brand angetan sie standen blank und bloß in der Welt sie litten Not und Tod sie verloren Gut und Blut Leib und Leben mussten sterben und verderben selbst vor ihren Witwen und Waisen machte die Rache der Bedrückten nicht Halt.

Der Doppelpunkt

R 30

Der **Doppelpunkt** (das Kolon) steht in der **wörtlichen Rede** nach dem Ankündigungssatz.

Dasselbe gilt für **wörtlich angeführte Gedanken.** Nach dem Doppelpunkt wird mit einem **großen Anfangsbuchstaben** weitergeschrieben, wenn ein vollständiger Satz folgt.

Beispiele:

Der Vater sagt: „Wenn das Wetter morgen schön ist, machen wir einen Ausflug."

Der Ertrinkende schrie: „Hilfe, Hilfe!"

Irene dachte sich im Stillen: Das werden wir ja sehen.

R 31

Der **Doppelpunkt** steht vor angekündigten Aufzählungen.

Keinen Doppelpunkt setzt man jedoch, wenn der Aufzählung die Wörter wie, also, besonders, nämlich, z. B., und zwar, d. i., d. h., u. a. (unter anderem) vorausgehen.

Bei solchen Aufzählungen wird nach dem Doppelpunkt **klein** weitergeschrieben (falls es sich nicht um Hauptwörter handelt).

Beispiele:

Der Postautobus fährt nur dreimal wöchentlich: dienstags, donnerstags, sonntags.

Österreich hat viele Kurorte: Badgastein, Bad Gleichenberg, Bad Tatzmannsdorf, Bad Ischl, Bad Schallerbach u. a. m.

Der Postautobus fährt nur dreimal wöchentlich, **nämlich** dienstags, donnerstags, sonntags.

Österreich hat viele Kurorte, **wie** Badgastein, Bad Gleichenberg, Bad Tatzmannsdorf, Bad Schallerbach u. a. m.

R 32

Der **Doppelpunkt** kann auch vor Sätzen stehen, die **eine Erläuterung** des vorher Gesagten, **eine Folgerung** oder **eine Zusammenfassung** enthalten.

In diesen Fällen wird nach dem Doppelpunkt ebenfalls **klein** weitergeschrieben (sofern nicht Hauptwörter folgen), da der Doppelpunkt durch einen Beistrich ersetzt werden kann.

Beispiele:

Hohe Berge und blaue Seen, grüne Wiesen und weite Wälder: **a**lles ist in diesem Land zu finden.

Er ist umsichtig und entschlossen, aufrichtig und mutig: **m**an kann ihm alles anvertrauen.

R 33

Der **Doppelpunkt** steht **in einer Satzperiode** zwischen dem mehrfach gegliederten Vordersatz und dem Nachsatz. Auch dabei wird nach dem Doppelpunkt **klein** weitergeschrieben.

Beispiele:

Wo dir Gottes Sonne zuerst schien, wo dir die Sterne des Himmels zuerst leuchteten, wo seine Blitze dir zuerst seine Allmacht offenbarten und seine Sturmwinde dir mit hellem Schrecken durch die Seele brausten: **d**a ist deine Liebe, da ist dein Vaterland. (Arndt)

R 34

Der **Doppelpunkt** steht **vor Buchtiteln, angekündigten Überschriften,** Zeugnisnoten, Beurteilungsnotizen, Zitaten, Unterschriften. In diesen Fällen wird nach dem Doppelpunkt mit einem **großen Anfangsbuchstaben** weitergeschrieben.

Beispiele:

Mathematik: **s**ehr gut
Der Direktor: **F**ranz Oberberger
Das vierte Gebot Gottes lautet: **D**u sollst Vater und Mutter ehren, auf dass es dir wohlergehe auf Erden.
Robert Musil: **D**er Mann ohne Eigenschaften (Buchtitel)

Ü 42 *Ergänzen Sie den Doppelpunkt in den folgenden Sätzen!*

Ein grausamer Vernichtungskampf beginnt unter den Piranhas[1] der Starke frisst den Schwachen, der Große den Kleinen. Alle Bewohner des Landes kauen und lutschen an den Zuckerrohrstängeln Kinder, Omas, Gauchos[2]. Plötzlich verdunkelt sich das klare, blaue Wasser, es wird grün Unter uns sind Millionen von Sardinen. Es hüpft und zwitschert in der Pflanzenwelt von buntfarbigen Vögeln Finken, Zeisige und prächtig gefärbte Kolibris. Man sagt nicht umsonst Wer gut schmiert, fährt gut. Die Formen wechseln in allen Farben und Tönungen weiß, hellgrün, graugrün, rostig bis blutrot. Und dann, wenn die Straße über den Pass klettert das Meer mit Brandung und Klippen. Das Bohren nach dem Erdöl geschieht in fieberhafter Eile Keine Minute wird Tag und Nacht verloren, keine Kosten werden gescheut.

Du kennst doch den Spruch der Freude, Mäßigkeit und Ruh' schließt dem Arzt die Türe zu. Im Stillen dachte er Es kann der Frömmste nicht in Frieden leben, wenn es dem bösen Nachbarn nicht gefällt.

Meine Frau stand klitschnass im Bach, hielt die Pfanne über dem Kopf und rief mir zu „Komm schnell her! Ich habe Gold gefunden!"

In den Apriltagen des Jahres 1905 berichteten die Zeitungen von einer Erdbebenkatastrophe Heute früh um 5.13 Uhr soll in San Franzisko ein heftiges Erdbeben stattgefunden haben.

Parteienverkehr Dienstag, Donnerstag, Freitag.

[1] eine Raubfischart der südamerikanischen Gewässer
[2] berittener Viehhüter in den südamerikanischen Grasebenen

Der Punkt

Sätze können nach ihrem Inhalt in **Aussagesätze, Fragesätze** und **Aufforderungssätze** eingeteilt werden.

Aussagesätze drücken eine Aussage oder einen Ausruf aus:

Im Norden und im Süden sind die Meere kalt.
Was für eine gute Farbe du hast!

Aufforderungssätze drücken einen Wunsch, einen Befehl oder ein Begehren aus:

Wärst du doch mitgekommen!
Gib mir das Buch!
Gott helfe mir!

Fragesätze drücken Entscheidungsfragen, Ergänzungsfragen oder rhetorische Fragen aus:

Wann fährst du nach Innsbruck?
Womit fährst du?
Will die Menschheit sich selbst vernichten?

Nach **Aussagesätzen,** aber auch nach **abhängigen Frage-, Ausruf-, Wunsch- und Befehlssätzen** sowie nach **Befehlssätzen,** die ohne Nachdruck gesprochen werden, ist ein **Punkt** zu setzen. **R 35**

Beispiele:

Automatisch tasteten seine Hände nach der Taschenlampe.
Sie fragte, wo er wohne.
Sie rief über den Fluss, er solle warten.
Er wünschte, er wäre schon zu Hause.
Du sollst auch mitkommen.
Lies den Text mehrmals durch.

Ein Punkt steht ferner **nach Ordnungszahlen,** **R 36**
nach den meisten **Abkürzungen,**
in **Fahrplan-Zeitangaben.**
Am Satzende ist er Abkürzungspunkt zugleich **Schlusspunkt** des Satzes.

Beispiele:

Der 1. Mai ist ein Feiertag.
Der 28. August 1749 ist der Geburtstag Goethes.
Er erhielt den 3. Teil des Erbgutes.
Kaiser Josef II. starb 1790.
Der Zug fährt um 17.30 Uhr ab.
Abb. (Abbildung), ca. (zirka), Dr. (Doktor), u. dgl. (und dergleichen).
Ges. m. b. H./GmbH, Abt.-Leiter, Reg.-Rat

R 37

Kein Punkt steht nach Abkürzungen, die buchstabenweise als selbständige Wörter gesprochen werden, sowie nach Maß- und Gewichtsangaben, Angaben von Münzeinheiten und Himmelsrichtungen.

Beispiele:

Lkw (Lastkraftwagen), Kfz (Kraftfahrzeug), ÖVP (Österreichische Volkspartei), SPÖ (Sozialistische Partei Österreichs), S (Schilling), DM (Deutsche Mark), l (Liter), m (Meter), N (Norden), SO (Südosten) u. dgl.

R 38

Kein Punkt steht auch nach Überschriften, Buchtiteln, Aufschriften, nach alleinstehenden Datumsangaben, nach Unterschriften, Anschriften und anderen frei stehenden Zeilen.

Ferner ist kein Punkt in Gliederungen, Tabellen, Inhaltsverzeichnissen und nach den Angaben auf Formularen zu setzen.

Beispiele:

Als ich mich einmal gefürchtet habe (Überschrift eines Schulaufsatzes)

Almauftrieb für Intellektuelle (Schlagzeile in Zeitung)

Wort und Bild (Buchtitel)

Zum Donaupark (Hinweistafel)

Wien, am 17. Mai 1983

Mit freundlichen Grüßen Ihr (Schlussformel aus Brief)

Alois Buchberger

Frau
Mag. Angelika Ritter
Schüttaustraße 16
A-1220 WIEN

Das Fragezeichen

Das **Fragezeichen** steht nach direkten Fragen, die durch einzelne Wörter, Wortgruppen oder Fragesätze zum Ausdruck kommen können. – Im Gegensatz zum Schlusspunkt ist das Fragezeichen auch nach Überschriften zu setzen. **R 39**

Beispiele:

Willst du nicht noch bleiben?
Wie bitte?
Warum?

Ein **Fragezeichen** steht aber auch, wenn man ausdrücken will, dass die Richtigkeit oder Wahrheit einer bestimmten Textstelle **angezweifelt** wird. **R 40**

Ein Fragezeichen steht ferner an Stelle von „Wieviel“ in Rechenbeispielen.

Beispiele:

Der Jäger erzählte, er habe mit einem einzigen Schuss drei (?) Enten getötet.
Zwei Meter (?) Stoff für einen Mantel.
? S kostet 1 kg Birnen?

Das Rufzeichen

Das **Rufzeichen** (Ausrufzeichen) steht **nach Ausrufen, Aufforderungen, Befehlen, Wünschen, Anreden** in Briefen. (In Briefen kann die einleitende Anrede auch bloß durch einen Beistrich vom folgenden Text getrennt werden.) Das Rufzeichen soll eine Gemütsregung zum Ausdruck bringen. **R 41**

In Einzelfällen setzt man das Rufzeichen (zwischen Klammern) auch als Ausdruck des Zweifels an der Richtigkeit einer Aussage.

Beispiele:

Au! Du tust mir weh!
Halt! Sie! Was machen Sie denn da?
Komm her da!
An alle Mitarbeiter!
Vorsicht! Glatteis!
Hätte ich doch mehr gelernt!
Liebe Eltern! Gestern bekam ich euer Paket . . .
Sie behauptet, sie könne fünf (!) Minuten die Luft anhalten.

Ü 43 *Ergänzen Sie in dem folgenden Text die fehlenden Punkte und Rufzeichen! Vergleichen Sie anschließend mit der Lösung im Anhang des Buches!*

Wandern ohne Sorgen (Wanderregeln)

1. Achte auf die Fußpflege: geeignete Schuhe, Behandlung mit Puder und Hirschtalg Nur mit gesunden Füßen kann man mühelos und freudig wandern
2. Keine unbedachten Waghalsigkeiten bei Bergpartien und Skiwanderungen Keine schwierige Tour ohne erfahrenen Führer
3. Achte auf das Tempo und die Stetigkeit beim Gehen Eile nicht Vermeide Überanstrengungen ebenso wie zu langsames Gehen oder unnötiges Stehenbleiben Nütze die kühlen Morgen- und Abendstunden
4. Trink wenig, aber nie, wenn du erhitzt bist, und nie zu kalte Flüssigkeiten Warme, gekochte Getränke (Kaffee, Tee, Suppe) löschen ebenfalls den Durst und gefährden nicht die Gesundheit Hüte dich vor unreinem Wasser

Ü 44 *Setzen Sie die fehlenden Schlusspunkte, Ruf- oder Fragezeichen ein!*

Der Siegeszug der Kunststoffe

Ganz gewaltig sind die Umwälzungen, welche die Kunststoffe in der Wirtschaft und in der Technik gebracht haben Mit Recht sagen wir heute: Muss der Fenstergriff im Haus und im Fahrzeug, muss der Bedienungshebel irgendeines Gerätes unbedingt aus Metall sein Nein Der Kunststoff tritt hier auf den Plan und lässt sich in seinem Siegeszug nicht mehr aufhalten Ganze Schaltbretter für Autos werden heute gepresst Warum Porzellan für Schalter und Stecker Warum die schweren gusseisernen Geräte in Keller und Waschküche Weg mit dem rostenden Eisen, Kunststoffe sind gefragt Warum an einem metallischen Handrad der Heizung die Finger verbrennen Ein Kunststoffrad tut bessere Dienste und spart Metall Öfen, Herde, Schreibmaschinen, Autos, Fahrräder – alles folgt dem Beispiel: Die erforderlichen Hebel und Griffe werden gepresst Lampenfüße aus Metall gelten als veraltet; Federschalen, Schreibzeuge, selbst Zahnräder, Maschinenteile und Rohrleitungen – alles aus Kunststoff Fast der ganze Telefonapparat wird aus Kunststoff gepresst Einen neuen Siegeszug der Kunststoffe bringt die Rundfunkindustrie Warum soll man die Geräte in teure Edelhölzer kleiden, wenn man den Kunststoff billiger und ebenso schön hochglänzend und gemasert herstellen kann

Ergänzen Sie in dem folgenden Text von Ernst Zwilling die fehlenden Punkte, Fragezeichen und Rufzeichen! **Ü 45**

Löwen im Lager

Was war geschehen Es ist wie ein harter, schmerzhafter Schlag in den Nacken, was mich plötzlich vom Feldbett in einem einzigen Satz gegen die offene Zelttür wirft Kein Ruf, kein Schrei – sondern ein brüllender Donner, unter dem die Grashalme zittern und beben – machtvoller Urlaut – aber nicht aus der Weite, nahe, ganz nahe Nur ein paar Sprünge weit vom Zelt So nahe, dass mir das Blut in den Adern gerinnt

Ich kauere, gebückt, erstarrt, mit angehaltenem Atem Die Stille ist drückend, erstickend – aber in den dünnen Zeltwänden scheint noch das Echo dieses gewaltigen Gebrülls zu sitzen und nachzuzittern

Löwen im Lager Glasklar kommt mir zu Bewusstsein, dass es keine einzelne Großkatze sein kann, die da mitten ins Lager(,) zwischen die Zelte und Kisten(,) hereinkam auf lautlosen Pranken, denn jetzt bläht sich das dünne Segeltuch, gleichsam erschreckend vor dem donnernden Gebrüll, das aus der anderen Richtung, vom Wagen her, dagegen rollt . . .

Automatisch tasten meine Hände nach dem Stabscheinwerfer Kühl und vertraut fühlt sich das Metall an Ich schalte nicht ein – es war eine unwillkürliche Bewegung Mit hastigen Fingern versuche ich(,) die flatternde Zelttür zu schließen. Da erzittert die Luft unter einem neuerlichen gewaltigen Gebrüll, dessen Dröhnen jedes Lebewesen der Wildnis verstummen und sich ducken lässt.

Drei habe ich bis jetzt gehört, denn jeder brüllte aus einer anderen Richtung Nur eines hatten die drei Löwenschreie gemeinsam: dass sie nahe waren So nahe, wie ich noch nie in meinem Leben einen Löwen brüllen gehört hatte

Der Gedankenstrich

R 42

Ein **Gedankenstrich** wird gesetzt
zur Bezeichnung einer längeren Pause,
eines **Gegensatzes** oder einer Gegenüberstellung;
zur Abtrennung der Überschrift in fortlaufend geschriebenen Inhaltsangaben;
vor allem aber, **um Unerwartetes vorzubereiten** oder das **Abbrechen eines Gedankens** oder das **Verschweigen eines Gedankenabschlusses** zu bezeichnen.

Beispiele:

Deutlich gab er den Takt des Musikstückes an: eins – zwei, eins – zwei.
Ehre verloren – alles verloren.
Gebäck – Gepäck, Lerche – Lärche, entweder – oder
Inhalt: Erzählungen – Gedichte – Sachtexte
Es blitzte unaufhörlich – aber kein Tropfen Regen fiel vom Himmel.
Da – ein vielstimmiger Schreckensruf.
Er tat etwas, woran niemand gedacht hatte – er beging Selbstmord.
Gib den Ball her, sonst –!
Das Losungswort oder –!
Gehen Sie mit oder –!

R 43

Einen **Gedankenstrich** setzt man auch, um Einschübe in einem Satz (Nebenbemerkungen) vom übrigen Satz zu trennen.

Beispiele:

Durch ein rahmenloses Fenster stiegen wir in ein Zimmer – vielleicht hauste hier einst der Stationsvorstand – und richteten uns dort ein Nachtlager ein.

Unser Vater mahnte uns oft – denkst du noch daran? –, immer nachsichtig gegen andere zu sein.

Verächtlich rief er ihm zu – er wandte dabei kaum den Kopf –: „Was willst du hier?“

Der Mann – ein gebrechlicher Greis – versuchte vergeblich(,) die Tür zu öffnen.

Der **Gedankenstrich** zeigt den **Wechsel eines Gedankens** an. Er ersetzt dabei einen neuen Absatz im Text. **R 44**

Beispiele:

Du musst zugeben, dass er sich einen schlechten Scherz erlaubt hat. – Ich kann nicht zusagen, weil ich am Samstag verreisen werde. – Du kannst mir das Paket zusenden, wenn du die Bücher bekommen hast.

Der **Gedankenstrich** zeigt den **Wechsel eines Sprechers** im fortlaufend gedruckten Text an. **R 45**

Beispiele:

„Noch da, John Maynard?“ – „Ja, Herr, ich bin.“ – „Auf den Strand, auf die Brandung!“ – „Ich halte drauf hin.“ (Fontane)

Der **Gedankenstrich** steht **bei Kommandos** zwischen Ankündigungs- und Ausführungsbefehl. **R 46**

Beispiele:

Links – um!
Auf die Plätze – fertig – los!

Der **Gedankenstrich** steht **an Stelle eines Doppelpunktes** oder eines Beistriches, wenn diese Satzzeichen zu schwach trennen. **R 47**

Beispiele:

Dafür fand er etwas anderes – ein Stück Schokolade.

Der Revierförster hatte schon viele Hunde gehabt, aber unvergesslich ist ihm nur einer geblieben – der Krambambuli. (Ebner-Eschenbach)

R 48

Ein **Gedankenstrich** wird auch gesetzt, wenn Wörter oder Wortteile **ausgelassen** werden.

Beispiele:

Setzt e, eh oder ee ein: Schn–, L–rer, F–der.

Ein Spiel mit Gedankenstrichen

Ich hatte vor einiger Zeit die Absicht(,) das Buch zu lesen.

Ich hatte die Absicht – es ist schon eine Weile her! –(,) das Buch zu lesen.

Ich hatte – das ist aber schon lange her! – die Absicht(,) das Buch zu lesen.

Ich hatte – wie lang ist das schon her? – die Absicht(,) das Buch zu lesen.

Ich hatte die Absicht – wie lang ist das schon her? –(,) das Buch zu lesen.

Ich hatte folgende Absicht – es ist allerdings schon lange her –: dieses Buch wirklich zu lesen.

Ü 46 *Setzen Sie die eingeschobenen Nebenbemerkungen zwischen Gedankenstriche!*

Besonderen Luxus mit Schmuck wie auch auf anderen Gebieten trieben die Römer. Manche Edelsteine von besonderer Größe und Schönheit deren Wert oft in die Millionen Dollar geht haben eine sehr interessante Geschichte. War wie Gerüchte behaupten der Besitz des herrlichen Steines vielleicht mit einem Fluch verbunden? Auch die Anfänge des Skilaufes als Fortbewegungsart im Winter reichen tief in die Vorzeit zurück. Man wollte keine Europäer es sei denn die der Siegermächte in den Grenzgebieten dulden. Fritz ein richtiger Bücherwurm hatten den Roman in wenigen Tagen ausgelesen.

Die Klammer

Klammern umschließen **erklärende Zusätze, Nebenbemerkungen, Jahreszahlen** u. dgl. sowie **eingeschobene Sätze.** Klammern setzt man auch, wenn man andeuten will, dass in einem Wort **Silben oder Buchstaben weggelassen** werden dürfen. **R 49**

Beispiele:

Manche Tiere (Pfau, Goldfisch, Papagei u. a.) werden zur Zierde gehalten. – In der Schlacht bei Lützen (1632) fiel der Schwedenkönig Gustav Adolf. – Er verachtete (es sei zu seiner Ehre gesagt) jede Unwahrheit. – Die führenden Modehäuser von Paris (das ja schon seit Jahrhunderten in Modefragen tonangebend ist) sowie in Rom, Wien und anderen Städten entwerfen zu jeder Saison neue Kleidermodelle.

Im Teich(e) wimmelte es von Fröschen. – Lob(e)t den Herrn.

Eckige Klammern setzt man nur, wenn in einem eingeklammerten Satzteil oder Satz ein weiterer Satzteil eingeklammert werden soll. **R 50**

Beispiel:

Mit dem Wort Bankrott (vom italienischen banca rotta [zusammengebrochene Bank]) bezeichnet man die Zahlungsunfähigkeit.

Setzen Sie die Nebenbemerkungen, Erklärungen, Einschübe zwischen Klammern! **Ü 47**

In den Liedern der Minnesänger ist wiederholt von dem „Gebende“ die Betonung liegt auf der zweiten Silbe der Frauen die Rede, einem breiten Band, das das Haar in Stirnhöhe umschloss. – Es gibt verschiedene Möglichkeiten, um aus Blumen Parfüm auf Deutsch: wohlriechende Stoffe herzustellen. – In späterer Zeit erreichte die Kunst der Glasbearbeitung vor allem in Byzanz Konstantinopel eine hohe Stufe. – In Alexandria Ägypten und Sidon Phönizien entstanden die berühmten

Glasfabriken des Altertums. – Im ersten Takt des Viertaktmotors Abwärtsbewegung des Kolbens wird das Gas-Luft-Gemisch angesaugt; im zweiten Takt Aufwärtsbewegung des Kolbens wird dieses Gemisch verdichtet komprimiert; im dritten Takt erfolgt die Zündung, der Kolben wird mit enormer Kraft nach unten gedrückt und leistet Arbeit; im vierten Takt neuerliche Aufwärtsbewegung des Kolbens werden die Verbrennungsgase aus dem Zylinder ausgestoßen. – Er kommt glaube mir! noch heute zurück. – Wie der italienische Weltreisende Marco Polo 1254–1324 berichtet, war in China schon im 13. Jahrhundert Papiergeld im Umlauf.

Die Anführungszeichen

R 51

Anführungszeichen stehen vor und nach der **wörtlichen Rede,** wörtlich zitierten Sätzen und Wortgruppen. Wenn innerhalb der wörtlichen Rede neuerlich ein Anführungszeichen erforderlich ist, so verwendet man die Zeichen ‚‘.

Beispiele:

„Es ist mir unbegreiflich, wie ich das hatte vergessen können“, sagte er zu seinem Freund.

„Wirst du mitkommen?“, fragt ihn seine Schwester.

Die Mutter fragte Angelika: „Hast du schon gegessen?“

„Hören Sie“, sagte der Polizeibeamte, „hier ist das Parken verboten.“.

„Wenn ich Zeit habe“, meinte Erich, „komme ich morgen.“

Der Gast erwiderte. „Ich habe für keinen Taler Speise von euch verlangt, sondern für ‚mein Geld‘. Hier ist ‚mein Geld‘. Mehr habe ich nicht.“

Ich sagte: „Ich komme gleich wieder“, und holte die Unterlagen.

R 52

Anführungszeichen sind auch zu setzen
vor und nach **hervorgehobenen Wörtern,**
ironischen Bemerkungen,
kurzen Zitaten, Überschriften, Buchtiteln, um sie im laufenden Text hervorzuheben.

Beispiele:

Das Zimmer hatte ein „blindes“ Fenster.
Als der Hund auf ihn zukam, lief unser „Held“ davon.
Wir haben Schillers Drama „Don Carlos“ sehr genau gelesen.

Ü 48

In der folgenden Geschichte von Johann Peter Hebel wurden die Anführungszeichen weggelassen. Ergänzen Sie diese an den richtigen Stellen und vergleichen Sie anschließend mit der Lösung im Anhang des Buches!

Das wohlfeile Mittagessen

Es ist ein altes Sprichwort: Wer andern eine Grube gräbt, fällt selbst hinein. Aber der Löwenwirt in einem gewissen Städtlein war schon vorher darin. Zu diesem kam ein gut gekleideter Gast. Kurz und trotzig verlangte er für sein Geld eine gute Fleischsuppe. Hierauf forderte er auch ein Stück Rindfleisch und ein Gemüse für sein Geld. Der Wirt fragte ganz höflich, ob ihm nicht auch ein Glas Wein beliebe. Oh, freilich, ja, erwiderte der Gast. Wenn ich etwas Gutes haben kann für mein Geld. Nachdem er sich alles hatte wohl schmecken lassen, zog er einen abgeschliffenen Sechser aus der Tasche und sagte: Hier, Herr Wirt, ist mein Geld. Der Wirt sagte: Was soll das heißen? Seid ihr mir nicht einen Taler schuldig? Der Gast erwiderte: Ich habe für keinen Taler Speise von euch verlangt, sondern für mein Geld. Hier ist mein Geld. Mehr hab' ich nicht. Habt Ihr mir zu viel dafür gegeben, so ist's Eure Schuld. Dieser Einfall war eigentlich nicht weit her; es gehörte nur Unverschämtheit dazu und ein unbekümmertes Gemüt, wie es am Ende ablaufen werde. Aber das Beste kommt noch. Ihr seid ein durchtriebener Schalk, erwiderte der Wirt, und hättet wohl etwas anderes verdient. Aber ich schenke Euch das Mittagessen und hier noch ein Zwanzigkreuzerstück dazu. Nur seid still zur Sache und geht zu meinem Nachbarn, dem Bärenwirt, und macht es ihm ebenso. Das sagte er, weil er mit seinem Nachbarn, dem Bärenwirt, aus Brotneid in Unfrieden lebte und einer dem andern jeglichen Schimpf gern antat und erwiderte. Aber der schlaue Gast griff lächelnd mit der einen Hand nach dem angebotenen Geld, mit der anderen vorsichtig nach der Tür, wünschte dem Wirt einen guten Abend und sagte: Bei Eurem Nachbarn, dem Bärenwirt, bin ich schon gewesen(,) und der hat mich zu Euch geschickt.

Das Auslassungszeichen

R 53

Das Auslassungszeichen (der Apostroph) bringt zum Ausdruck, dass an dieser Stelle ein Buchstabe oder eine Silbe ausgelassen wurde.

Beispiele:

Dir geht's gut. – 's ist nun nicht zu ändern. – So 'n Unsinn! – Er hat 'ne Menge Geld. – Komm näher 'ran. – Gib mir 's Heft 'rüber! – 'raus aus den Betten! – Häng' dein Herz nicht an irdische Güter. – Sie kam wen'ge Minuten später. – Ich hab' keine Freud' damit. – Wissen S' schon das Neueste?

R 54

Das Auslassungszeichen wird auch verwendet, um den 2. Fall der auf s, x oder z endenden Eigennamen kenntlich zu machen.

Beispiele:

Hans Sachs' Gedichte, Hermann Löns' Bücher, Voß' Übersetzungen, Giraudoux' Dramen, Bregenz' Lage.

R 55

Kein Auslassungszeichen wird jedoch geschrieben
a) in den Verschmelzungen aus Vorwort und Artikel;
b) in der Nachsilbe -isch für das ausgelassene i, wenn es sich um Eigenschaftswörter handelt, die von Eigennamen abgeleitet sind;
c) im Wortinneren, wenn ein unbetontes e ausfällt;
d) bei Abkürzungen.

Beispiele:

zu a)
ins, ans, aufs, durchs, fürs, ums, unterm, hinterm u. dgl.;
zu b)
Grimmsche Märchen, Mozartsche Musik, Goethesche Gedichte;
zu c)
stehn (für stehen), sehn (für sehen), wacklig (für wackelig), edle Menschen, alles andre, wechsle das Hemd;

zu d)
die Zahl der Pkws, das Ergebnis der EKGs (Elektrokardiogramms), die Loks (Lokomotiven).

Ergänzen Sie die fehlenden Auslassungszeichen in dem folgenden Text von Ferdinand Raimund!

Der Bauer Wurzel findet einen Schatz **Ü 49**

„Es war so: Vor zwei Jahren, da geh ich so in der Dämmerung zwischen acht und neun Uhr ganz verdrießlich von meinem Krautacker nach Hause. Auf einmal macht s: ‚Pst! Pst!‘ Ich schau mich um, so seh ich quer übern Acker einen magern Mann auf mich zueilen, ein gelblichgrünes G wandel an mit goldenen Borten, sodass ich ihn anfangs hab für einen Leibhusaren von einer Herrschaft g halten. Er aber bitt mich, ich möchte niemandem etwas davon sagen, er wär ein Geist, und durch die Borten wollt er mir andeuten, wie außerordentlich er für mich bortiert wär . Kurz, er wär der Neid und wollt mich glücklich machen.

Er sagte, er hätt einen alten Schatz, den er gerne los sein möcht (,) und den wollt er mir schenken, ich müsste aber in die Stadt ziehen und recht aufhauen damit(,) und besonders das Madel soll ich recht herausstaffieren[1] und sollt s ja nicht zugeben, dass sie den Fischer heirat . Soll mich aber nie unterstehen zu sagen, dass ich mein Glück verwünsche, sonst verschwindet alles(,) und ich müsste betteln gehn. Jetzt möcht ich aber gleich nach Haus gehn, der Schatz wird schon zu Hause sein. Darauf ist er unter die Krauthappeln[2] verschwunden, und ich hab ihn nimmer gesehen. Ich geh also nach Haus, such s ganze Haus aus – find nichts. Endlich kommt mir der Gedanke: Schau auf den Getreideboden hinauf! Hörst, ist dir der ganze Boden voll, und mit was? – Mit lauter Galläpfel!

Jetzt geschieht mir recht, denk ich mir. Was kann man vom Neid anders erwarten als Gall und Verdruss! Komm in Zorn und beiß einen auf. Was ist drin? – Ein Dukaten! Ich nimm noch einen – noch einen – lauter Dukaten! Lenzel, jetzt hättest du die Beißerei seh n sollen! Ich kann sagen, ich hab mir mein Vergnügen bitter erworben. Vierzehn Tag nichts als Galläpfel aufbeißen – das wird doch eine hantige Arbeit sein.

[1] ausstatten
[2] Krautköpfe

Lösungen der Übungsaufgaben

L 1 Der Schriftsteller

Spinell hieß der Schriftsteller, der seit mehreren Wochen in Einfried lebte, Detlev Spinell war sein Name(,) und sein Äußeres war wunderlich. Man vergegenwärtige sich einen Brünetten am Anfang der Dreißigerjahre und von stattlicher Gestalt, dessen Haar an den Schläfen schon merklich zu ergrauen beginnt, dessen rundes, weißes, ein wenig gedunsenes Gesicht aber nicht die Spur irgendeines Bartwuchses zeigt. Er war nicht rasiert – man hätte es gesehen; weich, verwischt und knabenhaft, war es nur hier und da mit einzelnen Flaumhärchen besetzt. Und das sah ganz merkwürdig aus. Der Blick seiner rehbraunen, blanken Augen war von sanftem Ausdruck, die Nase gedrungen und ein wenig fleischig. Ferner besaß Herr Spinell eine gewölbte, poröse Oberlippe römischen Charakters, große kariöse Zähne und Füße von seltenem Umfang. Einer der Herren mit den unbeherrschten Beinen, der ein Zyniker und Witzbold war, hatte ihn hinter seinem Rücken „der verweste Säugling“ getauft; aber das war hämisch und wenig zutreffend. – Er ging gut und modisch gekleidet, in langem schwarzem Rock und farbig punktierter Weste.

Er war ungesellig und hielt mit keiner Seele Gemeinschaft. Nur zuweilen konnte eine leutselige, liebevolle und überquellende Stimmung ihn befallen(,) und das geschah jedesmal, wenn Herr Spinell in ästhetischen Zustand verfiel, wenn der Anblick von irgend etwas Schönem, der Zusammenklang zweier Farben, eine Vase von edler Form, das vom Sonnenuntergang bestrahlte Gebirge ihn zu lauter Bewunderung hinriss. „Wie schön!“, sagte er dann, indem er den Kopf auf die Seite legte, die Schultern emporzog, die Hände spreizte und Nase und Lippen krauste. „Gott, sehen Sie, wie schön!“

L 2 In den chemischen Fabriken entstehen aus dem Rohöl durch Reinigen, Entwässern, Entsalzen, Befreiung von leicht verdampfenden Kohlenwasserstoffen dann Gase, Benzin, Petroleum, Dieselöl, Heizöl, Schmieröl, Bitumen für den Straßenbau.

Die Lebensmittelkontrolle führen Ärzte, Tierärzte, Personen mit besonderer Ausbildung durch.

Unreife, verdorbene, wertgeminderte Lebensmittel werden am besten gleich nach dem Kauf beanstandet.

Zum Frühstück wurden Tee, Kaffee, Kakao angeboten.

Rom, Paris, London, Wien sind europäische Hauptstädte.

Eisenbahnen, Autos, Flugzeuge sind moderne Verkehrsmittel.

Bäche, Flüsse, Ströme führten Hochwasser.

Bei schönem, klarem Wetter begannen sie mit dem Aufstieg auf den Berg.

Sie fand einen glitzernden, funkelnden Kristall.

Mir gefiel sein höfliches, rücksichtsvolles Benehmen.

Nach dem Erdbeben sah man viele weinende, klagende Menschen.

Ich band eine Strauß aus rotem Mohn, blauen Kornblumen weißen Margeriten.

Krachende Böller, zischende Raketen verkündeten den Beginn des Festes.

L 3

Er hatte weder sein Fahrzeug beleuchtet noch die vorgeschriebene Geschwindigkeit eingehalten. – Weder mir noch ihm ist der Entwurf geglückt. – Die Grasmücke flattert aus dem Haselstrauch, zwitschert lustig und schlüpft in den Holunderbusch. – Der Bauer säte Roggen, Gerste und Hafer oder pflanzte Kohl und Rüben. – Der Film kann sowohl Erwachsenen als auch Kindern empfohlen werden. – Weder der Fahrer noch die Fahrgäste wurden bei dem Unfall verletzt. – Das Schreiben geht an den Nationalrat, an den Bundesrat sowie an die Landesregierungen. – Zum Frühstück tranken wir Kaffee oder Tee. – Ich komme heute Abend oder morgen Früh zurück. – Dummheit und Stolz wachsen auf einem Holz. – Die Ware war bruchsicher und hygienisch verpackt. – Sie fuhr mit einem großen, alten Cadillac vor. – Bei schönem, warmem Wetter fuhren sie ab.

L 4

Sie hatte schöne, funkelnde schwarze Augen. – Die wuchtigen eichenen Möbel im Wohnzimmer fielen mir sofort auf. – Von oben sahen wir eine weite, waldreiche Schlucht. – Ein knurrender schwarzer Hund lag vor der Haustür. – Wir wanderten auf einem sonnigen, grasbewachsenen Weg. – Die Eingangstüre zierte ein einfaches schmiedeeisernes Gitter. – Der große, braune Koffer war noch ganz neu und enthielt sowohl meine Wäsche als auch meine Anzüge.

L 5 Der Staatsbürger hat nicht nur Rechte, sondern auch Pflichten, Je früher er mit dem Üben anfängt, desto besser für ihn. – Nicht nur am Morgen, sondern auch am Abend regnete es. – Teils zog sie ihn, teils sank er hin. – Bald war er hier, bald dort.

L 6 Nach der Lebensmittelverordnung müssen Lebensmittel besonders gekennzeichnet werden. Es sind anzugeben: die handelsübliche Bezeichnung, der Name und der Sitz des erzeugenden Unternehmens bzw. der Erzeugungsort. Darüber hinaus sind anzugeben: das Füllgewicht, das Füllvolumen, die Herstellungsweise sowie Hinweise auf die Haltbarkeit oder die Lagerbedingungen, ferner der Zeitpunkt der Verpackung. Sowohl die Lebensmittelhändler als auch die Verbraucher sollten die Vorschriften beachten.

Beim Kauf von tiefgekühlten Lebensmitteln ist auch auf die Temperatur der Luft in der Truhe zu achten. Starke Vereisung erhöht die Temperatur und trägt so zur Geschmacksveränderung, aber auch zum Verderb einer tiefgekühlten Ware bei.

L 7 „Beim Reden kommen d'Leut z'samm'" ist nicht nur ein altes Sprichwort, sondern auch eine Regel für die heutige Zeit. Im Alltag ist die schriftliche Vertragsform meist nicht notwendig. An ihre Stelle tritt das mündliche Abkommen. Man lässt sich in einem Geschäft Waren zeigen und vorführen, wählt aus, zückt die Brieftasche, zahlt und nimmt das Gekaufte mit. Das kann die Wurstsemmel vom Fleischhauer ebenso sein wie der Mantel aus dem Modesalon oder der Rasierapparat aus dem Elektrogeschäft.

L 8 Manche Früchte sind rundlich und knollig, fast kugelig, andere hingegen länglich, eckig, bucklig oder rissig. Viele haben eine bräunliche, gelbliche, rötliche oder grünliche Farbe. Es sind auch haarige, wollige, borstige und stachlige Früchte darunter, die sich fettig anfühlen. Manche sind leicht verderblich, andere wieder sehr widerstandsfähig. Die meisten sehen sehr appetitlich aus. Sie sind saftig, fleischig, mehlig und schmecken köstlich. Einige sind freilich auch kümmerlich geraten, krüppelig geblieben oder schon wurmig geworden. Sie haben zuweilen einen unangenehmen Geruch.

L 9

Sowohl im Westen als auch im Osten Österreichs regnete es gestern. Aus Gold, Silber und Elfenbein werden in dieser Werkstätte Schmuckstücke verfertigt. Es ist schön, doch windig. Es war ein sonniger, heißer Tag. Der Bauer pflügte und eggte, säte und pflanzte. Die Katze liegt den ganzen Tag in der Sonne und schläft und schnurrt. Den Eingang zierte ein altes schmiedeeisernes Gitter. Da stehen alte, greisenhafte Weidenstämme. Trotz der Ruhe wogten die weiten, hochgrasigen Wiesen in seltsamer Unrast. Der kleine, braune Koffer war noch ganz neu und enthielt sowohl meine Wäsche als auch meine Anzüge. Teils arbeitete ich damals in der Stadt, teils auf dem Land.

L 10

Ein unheimliches Erlebnis

An einem schönen, wolkenlosen Tag unternahmen mein Vater und ich eine Bergtour. Der Weg führte uns über herrliche, taubedeckte Wiesen mit leuchtenden, farbenprächtigen Blumen. Weiter ging es durch rauschende schattige Wälder beziehungsweise über saftige grüne Almen. Weder mein Vater noch ich hatten diesen mächtigen, steil aufragenden Gipfel jemals bestiegen. Er wie ich hatten schon lange für diesen großen, einmaligen Tag trainiert. Das Gestein war weder brüchig noch glatt. Es gab überall kleine Tritte oder ausgehauene Stufen. Sowohl mein Vater als auch ich waren in guter Stimmung. Doch plötzlich hörte ich einen angsterfüllten, lauten Schrei über mir. Was war geschehen? Hatte ihn ein Stein oder ein Stück Fels getroffen? Es war fast noch schlimmer. Beim Suchen um Halt hatte mein Vater in ein Schlangennest gegriffen. Die Vipern waren nun entweder böse über die Störung oder erschrocken. Sie gaben pfeifende, zischende Laute von sich. Glücklicherweise konnte mein Vater seine Hand noch rechtzeitig zurückziehen, bevor ihn die aufgeschreckten Tiere gebissen hatten. Das hätte schlimm ausgehen können.

L 11 Die Lieferung kommt zweimal wöchentlich, und zwar jeden Dienstag und Freitag. – Er lebt in Passau, das ist eine Stadt an der Donau. – Herr Müller führt Südfrüchte ein, das heißt hauptsächlich Orangen und Bananen. – Die asiatischen Staaten sind stark übervölkert, zum Beispiel Indien. – Er liebt moderne Musik, also auch Musicals. – Seine liebste Lektüre sind Romane, namentlich jene von Jack London. – Karl interessiert sich für Maschinen, besonders für Motoren.

L 12 Ihre Schwiegertochter, die Zahnärztin, ordiniert dort täglich nachmittags?

Linz, die Hauptstadt Oberösterreichs, ist eine bedeutende Industriestadt.

Friedrich Schlegel, der Erforscher der deutschen Sprache, war auch ein bedeutender Philosoph.

Die Blüten der Rose, der herrlichsten Blume unserer Gärten, haben verschiedene Farben.

Johann Gutenberg, einem Bürger der Stadt Mainz, verdanken wir die Erfindung der beweglichen Letter.

Das Kamel, das „Schiff der Wüste“, ist ein sehr genügsames Tier.

L 13 Ich wurde am 17. Juli 1942 in St. Pölten geboren.

Montag, den 7. April, um 19 Uhr beginnt die Feier.

Absender: Franz Huber, 4020 Linz, Hauptplatz 9 3. Stiege, Tür 18

Heidelberg, den 7. September 1996

Das Buch kostete S 123,–.

Frau Medizinalrat Dr. Edith Häusler, wohnhaft in Baden, Beethovenstraße 29, Tür 17(,) ordiniert wieder Montag, Mittwoch und Freitag jeweils von 14 bis 18 Uhr.

Wir fuhren Donnerstag, den 6. Juni, um 7.20 Uhr vom Westbahnhof ab.

L 14

Au, ich habe mich geschnitten. – Nein, ich will nicht mitkommen! – Hilfe, es brennt! – Wohin, Ilse? – Besuchen Sie mich, lieber Kollege, in der nächsten Woche! – Der Regen, von allen ersehnt, ließ auf sich warten. – Salzburg, die Mozartstadt, wird von vielen Fremden besucht. – Angelika Berger(,) geborene Hausner(,) ist jetzt Lehrerin in Linz. – Wir werden am Sonntag zurückkehren, und zwar mit dem 8-Uhr-Zug. – Die Schüler waren sehr aufmerksam, besonders die Mädchen. – Unsere Sportler erregten großes Aufsehen, namentlich die Läufer.

L 15

Essen und trinken müssen wir alle. Vor einem verdorbenen Magen können wir uns aber nicht immer schützen. Die Lebensmittelkontrolle wacht über die Güte der dem Lebensmittelgesetz unterliegenden Waren.

Die Lebensmittelkontrolle führen Ärzte, Tierärzte und Personen mit besonderer Ausbildung bei den Gesundheitsämtern, Marktämtern und Lebensmitteluntersuchungsanstalten durch.

Unreife, verdorbene und wertgeminderte Lebensmittel werden am besten gleich beim Kauf beanstandet. Inländische Markenwaren, also Konserven, Schokoladen und dgl., können zweckmäßigerweise beim Erzeuger selbst beanstandet werden.

Nicht nur Speisen, auch Getränke kann man beim nächsten Marktamt oder Gesundheitsamt überprüfen lassen.

L 16

Wo Tauben sind, fliegen Tauben zu. Wenn der Apfel reif ist, fällt er vom Baum. Wenn auch der Hahn nicht kräht, wird es doch Tag. Was ich nicht weiß, macht mich nicht heiß. Wer andern eine Grube gräbt, fällt selbst hinein. Es ist nicht alles Gold, was glänzt. Wer sich mutwillig in Gefahr begibt, kommt darin um. Was einmal unrichtig gewesen ist, bleibt unrichtig zu jeder Frist. Wer nicht sät, der nicht mäht. Wer den Kern essen will, muss die Nuss knacken. Es ist nicht jede Ähre voll, die sich senkt. Wenn du dich versprichst, darfst du dich nicht wundern, dass dich die anderen missverstehen.

L 17 Das Gleichgewicht darf nicht gestört werden

In einem geschlossenen Lebensraum, wie dies zum Beispiel ein Wald oder ein Teich ist, besteht eine strenge Gesetzmäßigkeit zwischen „Nährer“ und Zehrer“. Die aus Abfällen und Mineralstoffen des Muttergesteins entstehenden Pflanzen werden von den Pflanzenfressern verzehrt, welche wiederum den Fleischfressern als Nahrung dienen. Weil alle diese Gruppen untereinander in einem Gleichgewichtsverhältnis stehen, können Störungen dieses Gleichgewichts zur Massenvermehrung einer Art führen. Weil aber das Nahrungsangebot für diese Art bald erschöpft ist, wird wieder das Gleichgewicht hergestellt, sodass ein Überhandnehmen einer Art ausgeschlossen ist.

Menschliche Eingriffe, wie die Aussetzung der Kaninchen in Australien, können das natürliche Gleichgewicht stören und zur Landplage werden, da dort der natürliche Feind fehlt.

L 18 Wasser für jeden Zweck

Wir alle wissen, wie wichtig eine ausreichende Wasserversorgung für das tägliche Leben ist. Der Mensch trinkt im Durchschnitt zwei Liter pro Tag, was nur einen kleinen Teil des Gesamtverbrauchs an Wasser ausmacht. Wesentlich mehr ist für die Erzeugung elektrischer Energie, für die Bewässerung und für industrielle Zwecke erforderlich. Im Allgemeinen ist der Bedarf an Wasser vom Lebensstandard und vom Stand der Industrialisierung abhängig. In hoch entwickelten Ländern werden 35 bis 55 Prozent des Grundwasserbedarfs in Landwirtschaft und Industrie verwendet. In den Vereinigten Staaten Amerikas zum Beispiel werden pro Einwohner täglich etwa sieben Millionen Liter Wasser verbraucht, wovon nur sechs Prozent auf den Haushaltsbedarf entfallen. Die Hälfte des Wassers, das in den USA jährlich verbraucht wird, wird für die Bewässerung in der Landwirtschaft verwendet. Dies ist zwar notwendig, aber auch sehr verschwenderisch, da etwa 60 Prozent durch Verdunstung verloren gehen.

L 19 Wie kann man sparen?

Manche Leute geben viel Geld für Dinge aus, die entbehrlich sind. Wenn sie sich diesen oder jenen vorübergehenden Genuss versagen könnten, bliebe ihnen der Betrag für Wichtigeres. Wer so denkt, handelt sparsam und wirtschaftlich richtig. Er kann sich mit der Zeit so viel ersparen, dass er sich auch Großes zu kaufen vermag. Außerdem ist er vor Not gesichert, denn er hat Geldreserven. Selbstverständlich steckt man heute seinen Spargroschen nicht in den Strumpf, man vertraut das Geld vielmehr der Sparkasse an. Dort wird das Geld sicher aufbewahrt, dort trägt es außerdem Zinsen. Die Sparkasse kann die ihr anvertrauten Summen weiterverborgen, auf diese Weise belebt sie die Wirtschaft. Aber auch jener handelt sparsam, der mit seinem erworbenen Gut sorgsam umgeht und seine Sachen pflegt. Leider glauben manche Leute, dass sie sich wegen des Sparens jede Annehmlichkeit versagen müssten.

Wie der Kaffee entdeckt wurde **L 20**

Im ostafrikanischen Hochland lebte vor vielen Jahren ein Hirte, der täglich seine Ziegen auf die Weide führte. Da bemerkte er plötzlich, dass die Tiere nachts nicht mehr schlafen konnten. Ruhelos irrten sie umher, hüpften und meckerten. Der Hirte dachte nichts anderes, als dass sie von bösen Geistern besessen wären. Da er sich nicht zu helfen wusste, ging er in ein nahes Kloster und erzählte die Geschichte den Mönchen. Der Abt, der ein weiser Mann war, beobachtete die Ziegen und bemerkte, dass sie fleißig von den kirschroten Früchten eines niedrigen Strauches naschten. „Vielleicht ist das des Rätsels Lösung", dachte er, denn er glaubte nicht an Geister. Er untersuchte die Früchte genau, kostete auch deren bohnenförmige Kerne und fühlte sich plötzlich selbst wunderlich frisch, obwohl es schon spät nachts war. Er hatte die belebende Wirkung der Kaffeebohnen entdeckt. Diese beruht auf einem Wirkstoff, der in der Bohne enthalten ist. Er belebt und erfrischt. Wird er aber in großen Mengen genossen, ist er für den Körper schädlich.

L 21

Wer nicht hören will, muss fühlen. – Was ein elektrischer Funke im Kleinen ist, (das) ist der Blitz im Großen. – Früher meinte man, dass sich die Sonne um die Erde bewege. – Ob ich kommen kann, das ist ungewiss. – Wenn der Herbst kommt, verlassen uns die Zugvögel. – Während ich Klavier spielte, las mein Freund in einem Buch. – Als der Abend kam, schlossen wir die Fensterläden. – Nachdem ich gegessen hatte, durfte ich Fußball spielen. – Du bist willkommen, sooft du kommst. – Es ist lange her, seit wir uns zuletzt gesehen haben. – Er tut so, als ob er krank wäre. – Da es stürmte, kehrte ich um. – Ich muss fleißig sein, damit ich mein Ziel erreiche. – Er ging in den Wald, obgleich es regnete. – Hunde, die viel bellen, beißen nicht. – Er hustet, ohne dass er sich die Hand vor den Mund hält.

L 22 Der Mensch denkt, Gott lenkt. Lerne nur das Glück ergreifen, denn das Glück ist immer da. Gott gibt die Nüsse, aber er beißt sie nicht auf. Friede ernährt, Unfriede verzehrt. Eintracht baut ein Haus, aber Zwietracht reißt es nieder. Quäle nie ein Tier zum Scherz, denn es fühlt wie du den Schmerz. Niemand ist gern alt, aber jedermann möchte gern alt werden. Die Wahrheit richtet sich nicht nach uns, wir müssen uns nach der Wahrheit richten. Denke nicht nur gut und edel, handle auch so gegen deine Mitmenschen! Kindes Hand ist bald gefüllt, und Kindes Zorn ist bald gestillt. Rede wenig, höre viel! Schönheit vergeht, Tugend besteht.

L 23 **Auf dem Gipfel des Nanga Parbat**

Und dann stehe ich auf dem höchsten Punkt dieses Berges, in 8125 Meter Höhe. Nirgends geht es mehr höher hinauf(,) und nach allen Seiten fällt das Gelände nur ab. Es ist sieben Uhr abends. Als erster Mensch stehe ich nun hier, doch nichts vom erhebenden Gefühl des Siegers spüre ich in mir. Ich bin mir der Bedeutung dieses Augenblicks nicht im Geringsten bewusst, denn ich bin vollkommen erschöpft. Todmüde lasse ich mich fallen, nun erst kann ich mit Ruhe den Rundblick in mich aufnehmen.

Von der kleinen Gipfelfläche fallen nach allen Seiten steile Flanken ungeheuer tief in die Täler ab. Sie entschwinden dem Auge völlig(,) und erst weit unten sieht man nach allen Richtungen die schneebedeckten Talgletscher hinausziehen. Ich komme mir vor wie auf einem winzigen Eiland inmitten eines riesigen Ozeans. Im Norden verebben gewaltige Gebirge, im Osten das gleiche Meer von ungezählten Gipfeln, doch ich kann nur einen bescheidenen Teil dieses mächtigen Gebirges übersehen. Auch im Westen brandet ein Wall von Bergen(,) und nur der Süden fällt in eine schwarze, dunstige Ebene ab: Indien und Pakistan. Unmittelbar unter mir eine Kette von Fünftausendern(,) und darüber hinweg fällt weit in das Land hinein der mächtige Schatten des Nanga Parbat.

(Nach Hermann Buhl)

L 24

Erst als ein gewaltiger Donnerschlag krachte, legte sich das Mark und Bein durchdringende Getöse, es zog nur noch ein eiskalter Luftzug durch die Fenster, und es rieselte der Regen. – Endlich wurde es heller. Wir wollen nach Hause gehen, es ist nämlich schon weit nach Mitternacht. – Bald half er der Mutter, bald setzte er seine eigene Arbeit fort. – Gehen Sie auf meine Vorschläge ein(,) oder ich suche mir einen anderen Partner. – Du musst mit deinem Bruder rasch zum Arzt gehen, sonst kann sich die Entzündung verschlimmern. – Einst kamen die Hasen zusammen und klagten einander ihre Sorgen. – Anfangs zögerte er, doch dann sprang er mutig ins eiskalte Wasser. – Vom Dach der Scheune rissen sich Ziegel los und zerbrachen auf dem Boden. – Der Stein ist schwerer als Wasser, daher sinkt er zu Boden.

L 25

Frühling

Der Frühling ist auf der Höhe. Die Wiesen strahlen im Schmucke goldiger Blumenpracht, die Obstgärten prangen in schimmerndem Weiße, sattgelbe, lange Streifen zieht der blühende Raps durch die hellgrünen Fluren, fußhoch steht die junge Saat, Mauersegler und Pirol, Kuckuck und Spottvogel, die spätesten aller Zugvögel, sind wieder da. Die Vormittagssonne sengt nur so auf die Heide nieder. Im braunen Heidekraut blüht hellgelb der Stachelginster, grünseidige Eidechsen rascheln in dem Gestrüpp, silberflügelige Libellen schwirren über den Wegen, hellblaue Schmetterlinge tanzen über den Ginsterblüten(,) und goldgrüne Sandläufer fliegen schimmernd vor uns auf. In den hohen Fluren ruft der Kuckuck, ab und zu piepst eine Meise in der Dickung, auf der Rodung rennt der Steinschmätzer eifrig umher, unzählige Fliegen und Käfer surren durch das Strauchwerk(,) und uns läuft der Schweiß unter den Lodenhüten hervor(,) und Nacken und Hände bräunen sich fast zusehends. Über dem Moore zittert die kochende Luft, am Horizont quellen die dicken Rauchwolken der brennenden Moore empor.

(Hermann Löns)

L 26 Der Polizist hebt die Hand(,) und die Fahrzeuge halten an. Sein Kollege kommt mit einem Notizblock, er überprüft die Papiere der Fahrzeuglenker. Bald stauen sich die Fahrzeuge. Eine Verkehrskontrolle ist nicht beliebt(,) und der Aufenthalt auf der Straße verärgert die Fahrer. Manches Auto wird beanstandet(,) und seine Nummer wird mit der Anschrift des Fahrers notiert. Hier leuchtet beispielsweise das rechte Blinklicht nicht auf, außerdem sind die Reifen abgefahren. Der nächste Personenwagen ist in Ordnung, aber der Fahrer sucht vergeblich seinen Führerschein. Die Unterbrechung der Fahrt wird von allen als unangenehm empfunden, doch sehen die meisten die Notwendigkeit solcher Kontrollen ein.

L 27 Aus den Bestimmungen des Jugendschutzgesetzes

Kinder dürfen sich in der Zeit zwischen 21 und 5 Uhr, Jugendliche zwischen 23 und 5 Uhr ohne Begleitung einer Aufsichtsperson an allgemein zugänglichen Orten nicht ungerechtfertigt aufhalten. Wenn also Vater oder Mutter oder „Aufsichtspersonen“, die nach dem Gesetz berechtigt sind(,) das Kind oder den Jugendlichen zu beaufsichtigen(,) mit dem Kinde oder dem Jugendlichen beisammen sind, so ist sein Aufenthalt auf der Straße auch nach der angegebenen Zeit gerechtfertigt. Ein Gleiches gilt, wenn das Kind oder der Jugendliche etwa einen Auftrag der Eltern erfüllt hat, nach einem Besuch bei Verwandten, von einer Veranstaltung für Kinder oder Jugendliche auf dem Heimweg ist. Das Kind oder der Jugendliche muss seine Rechtfertigung dem fragenden Polizeibeamten nachweisen können.

Kinder und Jugendliche dürfen im Allgemeinen auch nicht allein in ein Gasthaus oder in eine andere Gaststätte gehen, nicht ohne Begleitung von Aufsichtspersonen in einem Hotel oder auf einem Campingplatz übernachten.

L 28 Wasser in Gefahr

Viele meinen, dass unser Wasser in Gefahr ist. Die Verantwortlichen überlegen, was zu tun ist. Bevor die Abwässer in die Flüsse fließen, müssen sie gereinigt werden. Die Reinigung des Wassers, das von den

Industriebetrieben benützt wird, kostet viel Geld. Dass heute keine Stadt ohne Kläranlagen auskommt, ist allgemein bekannt. In großen Betrieben lässt man den gröbsten Schmutz zu Boden sinken, damit das Wasser wieder reiner wird. Man presst dann mit Druck Luft durch das Wasser, weil viel Sauerstoff die natürlichen Reinigungskräfte des Wassers unterstützt. Auch lässt man Mikroben die eingeschwemmten Chemikalien zersetzen, damit das Wasser entgiftet wird. Erst wenn das Wasser vom Schädlichsten befreit ist, darf es ins Flussbett geleitet werden. Die Methoden der Wasseraufbereitung sind heute schon so verfeinert, dass geklärtes Abwasser manchmal sogar besser ist als Brunnenwasser.

Mir ist nie fad **L 29**

Manche Menschen wissen nichts mit sich anzufangen. Kaum sind sie allein, fühlen sie sich einsam und verlassen. Sie können sich selbst nicht Gesellschaft leisten, sie brauchen andere Menschen oder doch wenigstens einen Wellensittich. Es fehlt ihnen das Ruhen in sich selbst, sie haben nicht die Fähigkeit des Nachdenkens und stillen Genießens. Es ist also gewissermaßen eine Kunst, wenn man sich niemals zur Last fällt. Aber wenn man diese Kunst beherrscht, kann das Gefühl der Langeweile niemals aufkommen. Mir wird nur langweilig in Gesellschaft von Menschen, die einem geistig nichts geben können. Dann fehlt das Gefühl der Spannung(,) und alles ist schlaff und langweilig. Das Gleiche tritt ein, wenn man selbst keine interessanten Gespräche führen kann. Das Leben trägt so unendlich viel Neues an uns heran, man braucht daher zum Ordnen der Gedanken, zum Urteilen, zum Schließen viel Zeit. Damit soll freilich nicht gesagt sein, dass die stille Stunde nur dem Nachdenken vorbehalten sein muss. Es bieten sich vielmehr eine Anzahl von unaufdringlichen „Gesellschaften" an, die uns jederzeit anregen, belehren oder uns die Zeit vertreiben, das sind vor allem die Bücher. Wer Bücher liebt und sie liest, dem wird es nie fad werden.

L 30

Seine Sekretärin, die ihm eine gute Hilfe war, der er auch voll vertrauen konnte, hat ihren Posten überraschend gekündigt. (H., N., N., H.)

Nichts ist verächtlicher als Menschen, welche die Vertrauensstellung, die man ihnen verschafft hat, missbrauchen. (H., 1. N., N. 2. Grades, N.)

Der Baum, der jetzt blüht und an dem wir so viel Freude haben, wurde schon von meinem Großvater gepflanzt. (H., 1. N. und 2. N., H.)

Wenn die Tage wieder wärmer werden und wenn die Natur zu neuem Leben erwacht, kehren auch die Vögel zurück. (1. N. und 2. N., H.)

Der Volksmund sagt, dass die Köchin verliebt sei, wenn die Suppe versalzen ist, und meint, dass ihre Gedanken woanders weilten, während sie die Suppe würzte. (H., N. 1. Grades, N. 2. Grades, H., N. 1. Grades, N. 2. Grades)

L 31 Erich nahm sich vor, nach der Schule sofort nach Hause zu gehen. – Er hatte keine Zeit(,) sich zu rasieren. – Sie haben allen Grund(,) sich zu schämen. – Er fuhr in die Stadt(,) um einzukaufen. – Sie ging(,) ohne sich zu verabschieden(,) einfach weg. – Die Gelegenheit(,) sich zu entfernen(,) war günstig. – Anderen zu helfen(,) ist er immer bereit. – Manchmal ist nichts so angezeigt(,) wie zu schweigen. – Es war schwierig(,) Schnee zu finden, der hart genug war. – Das Schiff drohte zu versinken. – Erlauben Sie mir(,) Sie bald zu besuchen? – Er braucht nur zu klopfen. – Einzutreten hatte er nicht gewagt. – Er scheint verraten worden zu sein. – Er hofft(,) bei diesem Wettkampf zu gewinnen. – Mein Freund versprach(,) mir bei dieser Aufgabe zu helfen. – Es ist schwierig(,) das Wasser in den Flüssen rein zu halten. – Er bat ihn(,) sofort nach dem Hund zu suchen. – Zu telefonieren, das wäre am einfachsten. – Sie versuchte immer wieder zu fliehen. – Ich bitte Sie vielmals(,) mir zu helfen. – Er hofft zuversichtlich zu genesen. – Sie baten(,) ihn morgen sprechen zu dürfen. – Der Aufseher erlaubte es dem Gefangenen(,) zu schreiben. – Sich selber zu besiegen, das ist der schönste Sieg.

L 32 **Automaten im Haushalt**

Wir haben eine automatische Waschmaschine. Unsere Mutter benutzt sie(,) um Zeit zu sparen. Man baut solche Automaten(,) um das Waschen zu vereinfachen. Die Mutter bekommt saubere Wäsche, ohne selbst zu waschen. Die Maschine nimmt nämlich der Mutter die Arbeit ab. Solche vollautomatische Waschmaschinen kochen, waschen, spülen und schleudern die Wäsche(,) ohne sich in der Reihenfolge zu irren. Ein Automat ist also eine Einrichtung, die selbsttätig eine Arbeit vollbringt.

Unser Kühlschrank ist so ein Automat. Er regelt die Temperatur von selbst. Die Mutter stellt sie nur einmal ein(,) ohne sich weiter darum zu kümmern. Der Automat übernimmt die Verantwortung(,) ohne sich zu täuschen. Wenn die Luft im Schrankinneren zu warm wird, setzt er die Kühlmaschine in Betrieb(,) um sie abzukühlen. So bleiben die Lebensmittel längere Zeit frisch.

Auch der Warmwasserspeicher in der Küche ist ein Automat. Die Mutter braucht ihn(,) um jederzeit warmes Wasser zu haben. Er hält acht Liter warmes Wasser bereit. Es hat immer dieselbe Temperatur. Die Mutter stellt sie nur einmal am Automaten ein(,) um Zeit zu gewinnen. Sie hat dann jederzeit warmes Wasser.

Auch auf der Straße gibt es Automaten. Vor der Post kann ich Briefmarken kaufen(,) ohne einen Postbeamten zu sprechen. Ein Automat wechselt sogar Geld(,) ohne einen Fehler zu machen. Andere Automaten geben gegen ein Geldstück Zigaretten, Schokolade, Blumen, Obst, ja sogar Flaschenbier heraus. Ich kaufe dort rasch ein(,) statt im Geschäft lange zu warten.

Im Bayerischen Wald **L 33**

Zwischen Laub- und Nadelbäumen, gewachsen ohne Regel und Wahl, miteinander verzwängt und verschränkt, verkrallt und verkrampft, lagen die gestürzten Stämme, die Reisenstangen, die bemoosten Wipfel, dürre Kronen.

Kreuz und quer, von alten Stürmen entwurzelt, von verzischten Blitzen gespalten, von Sommern versengt, angekohlt und gebleicht von Wintern, zerrissen, aufgesprengt und zerfleischt, streckten sich die toten Bäume hin, vergilbend, vermodernd, veraschend.

Waldfarne wuchsen auf den Grabhügeln der aus dem Boden herausgekippten Wurzelballen und Krallenwurzeln.

Felsen neigten sich darüber oder hielten mit ihren Steinschultern niedergepolterte Stämme in der Schwebe, Brücken und Stege bildend, über Schluchten, Baumleiber und Abgründe.

Und stolz und gewaltig, unbesiegbare Waldhelden, erhoben sich die grünen und noch lebenden Bäume, die Buchen, Fichten, Bergahorne.

L 34 Die Hyänen des Amazonas

Wasserarme, unendlich verästelt, durchziehen die Wälder des Amazonenstromes. Durch den schmalen Streifen, den die grünen Dschungelmauern frei lassen, sticht senkrecht die Sonne herunter. Lautlos gleiten wir mit unserem Boot durch die glühende Hitze. Da löst sich aus dem grünen Dunkel ein großer Vogel, der(,) ins Sonnenlicht kommend(,) silberweiß aufglänzt. Ich reiße mein Gewehr hoch(,) um ihn zu erlegen. Ein Schuss, und sieben Meter vom Boot entfernt fällt das Tier ins Wasser. Schnelle Furchen blitzen auf einmal auf, der Vogel scheint wieder Leben zu bekommen. Um ihn beginnt das Wasser zu brodeln. Der Vogelleib, von unsichtbaren Kräften nach unten gerissen, wird hin und her gezerrt. Blutig färbt sich das Wasser. Vielleicht, dass wir die Jagdbeute noch retten können. Das Boot ist auf zwei Meter herangekommen. So schnell der Spuk entstand, so schnell ist er verschwunden. Ruhig liegt der Vogel wieder an der Wasseroberfläche, die Flügel weit auseinander gespreizt.

Wir ziehen die Beute heraus, aber nur ein Skelett(,) ohne eine Faser Fleisch daran(,) halten wir in den Händen. In wenigen Sekunden hatten gierige Rachen mit rasiermesserscharfen Zähnen dies zuwege gebracht, nämlich die Rachen der Hyänen der Amazonasgewässer, der blutgierigen Raubfische.

L 35

Die Pracht blühender Wiesen, wessen Auge hätte nicht schon mit Wohlgefallen darauf geruht, erfreut in jedem Jahr unser Auge. – Die Bienen kriechen in die einzlenen Blüten, sie sammeln ja Blütenstaub und Blütensäfte, tragen an Rücken und Füßen den Blütenstaub von Blüte zu Blüte und befruchten sie. – Mein Bruder, ein richtiger Bücherwurm, hatte den umfangreichen Roman in wenigen Tagen gelesen. – „Freilich“, erwiderte der Gast, „wenn ich etwas Gutes haben kann für mein Geld.“ – „Ja“, meinte die alte Frau mit einem Seufzer, „lieber wär’s mir gewesen, wenn mein Sohn etwas Gescheites geworden wär’.“ – „Ja, wieso denn?“, fragte der Redner und blickte dabei um sich.

L 36

Der Mensch kann mehr und mehr Anteil nehmen an allen geistigen und kulturellen Gütern der Menschheit,	1. Hauptsatz
sein Gesichtskreis wird sich ständig verändern,	2. Hauptsatz
der schöpferischen Entfaltung seiner Persönlichkeit sind keine Grenzen gesetzt.	3. Hauptsatz
Die Verwendung solcher Automaten,	Hauptsatz, 1. Teil
die lernen können,	1. Nebensatz
die körperlich schwere und geistige monotone Arbeit übernehmen,	2. Nebensatz
die eine Vielzahl von Prozessen automatisch steuern und überwachen,	3. Nebensatz
bildet eine Seite der materiell-technischen Basis.	Hauptsatz, 2. Teil
Von Stund an lagen uns die Kinder in den Ohren(,)	1. Hauptsatz
für den Abend des Taschenspielers Eintrittskarten zu nehmen(,)	Infinitivgruppe
und obgleich uns die späte Abendstunde der Veranstaltung,	1. Nebensatz, 1. Teil
neun Uhr,	eingeschobene Ellipse
von vornherein Bedenken machte,	1. Nebensatz, 2. Teil
gaben wir nach,	2. Hauptsatz, 1. Teil
da wir ja nach einiger Kenntnisnahme von Cipollas bescheidenen Künsten nach Hause gehen,	2. Nebensatz

da auch die Kinder am folgenden Morgen ausschlafen konnten,	3. Nebensatz
und erstanden von Signora Angiolieri selbst,	2. Hauptsatz, 2. Teil
die eine Vielzahl von Vorzugsplätzen für ihre Gäste in Kommission hatte,	4. Nebensatz
unsere vier Karten. (Thomas Mann)	2. Hauptsatz, 3. Teil
An der Rampe stehend und sich mit lässigem Zupfen seiner Handschuhe entledigend,	Partizipialgruppe
wobei er lange und gelbliche Hände entblößte,	Nebensatz 1. Grades
deren eine ein Siegelring mit hochgradigem Lasurstein schmückte,	Nebensatz 2. Grades
ließ er seine kleinen strengen Augen,	Hauptsatz, 1. Teil
mit schlaffen Säcken darunter,	eingeschobene Ellipse
musternd durch den Saal schweifen,	Hauptsatz, 2. Teil
nicht rasch,	eingeschobene Ellipse
sondern indem er hie und da auf einem Gesicht in überlegener Prüfung verweilte,	Nebensatz
verschlafenen Mundes,	Ellipse
ohne ein Wort zu sagen. (Thomas Mann)	Infinitivgruppe

L 37 Die Weinberge von Nackenheim

Während die Obstbäume klein und knorrig sind, vielfach verbogen, holzbraun und spröd vom Winter, hell überschneit im ersten Frühling, gelbgrün und schwer beladen mit rundem Fruchtbrot oder behauchtem Pflaumenblau im Herbst, stehen die Weinstöcke steif und nüchtern, kerzengerade in endlosen Reihen am Berg. Durch alle Jahreszeiten bleiben die Hölzer gleich, kaum ändert das Laub seine Farbe, immer scheint das lehmige Rot der Erde hindurch, nur kurz vor der Lese flammt manchmal alles in heißem, südlichem Licht, auch bei trübem Himmel und kühler Regenflut.

Nirgends ist so viel Rot in wechselnder Schicht durch die Landschaft gesprengt: der matte Ton dünner Rohrpfeifen, das Grell zerbröckelnder Ziegel, das verwaschene Karmin gewittriger Abendhimmel, der rostige Brand alter Radreifen auf regenweichen Fahrstraßen und die volle gesättigte Röte von den Brustfedern des Blutfinks, vorherrschend aber Rost und Ziegel, von bläulichen Schatten gedämpft. Steinige Wege klettern schmal von Terrasse zu Steinhang und Gipfel, im Sommer von kupferigem Staub überkrustet und kaum von einem Menschen betreten.

Kapital ist nicht immer Geld **L 38**

Jeder Betrieb braucht Kapital zur Anschaffung der nötigen Produktionsmittel. Vom Erlös aus dem Warenverkauf (Absatz) muss ein Unternehmer die Kosten decken. Löhne, Material und Steuern müssen bezahlt werden. Was übrigbleibt, ist der Gewinn. Aus dem Gewinn muss der Unternehmer Kapital bilden(,) um seinen Maschinenpark zu erweitern oder zu erneuern. Er investiert. Die Sachwerte, die so geschaffen werden, nennt man Sachkapital, den zur Erzeugung nötigen Rohstoff zirkulierendes oder umlaufendes Kapital (Anlagekapital). Beim Bau einer Maschine z. B. hat man aus Einzelteilen, also aus geringeren Werten, einen weit größeren Wert geschaffen. Alle, die daran mitgearbeitet haben, waren an dieser Wertschaffung beteiligt. Alle Wertschaffungen in einem Land zusammengerechnet ergeben das Sozialprodukt (Nationalprodukt). Es ist die Summe der Wertschaffungen.

Alle arbeitenden Menschen sind an der Entstehung des Sozialproduktes beteiligt. Dieses Sozialprodukt kann man mit einem Kuchen vergleichen, von dem alle gemäß ihrer Leistung ein Stück erhalten. Sollen alle mehr erhalten, so muss der Kuchen größer werden. Dies gelingt nur, wenn die Produktivität der Arbeit steigt, das heißt, wenn der Einzelne mehr oder Besseres erzeugen kann. In dem Ausmaß, in dem die Produktivität steigt, können auch die Löhne erhöht werden. Steigen sie aber rascher, als das Produktivitätswachstum es zulässt, so führt diese zu schweren wirtschaftlichen Schäden, weil zuwenig Geld für Investitionen, also für die Erneuerung oder Modernisierung der Produktionsanlagen verbleibt.

L 39 Produktion und Produktivität

Produktion und Produktivität sind Begriffe, die immer wieder miteinander verwechselt werden, entweder aus Unkenntnis oder aber (dies insbesondere in lohnpolitischen Auseinandersetzungen) mit voller Absicht.

Was „Produktion“ bedeutet, bedarf wohl keiner Erläuterung, zumindest soweit es um die Erzeugung von Sachgütern geht. „Produktion“ ist aber auch die Erbringung von Dienstleistungen, insbesondere jener des Handels, denn die Warenverteilung ist ebenso wichtig wie die Warenerzeugung im engeren Sinn. In hoch industrialisierten Ländern kann der Anteil der Dienstleistungen im weitesten Sinne – Handel, Verkehr, Fremdenverkehr, Ban- und Versicherungsdienste, Wartung, Reparatur, Körperpflege, Beratung, Unterhaltung, Verwaltung, nicht zuletzt Bildung und Erziehung – mehr als die Hälfte der Gesamtproduktion ausmachen. So leicht ist der Begriff „Produktion“ zu definieren, so schwierig ist die Produktion zu messen, sofern sie nicht aus einfachen Gütern von vergleichbarer Qualität (z. B. Salz) besteht. Soll beispielsweise die Produktion von Schrauben, von winzigen für Uhren bis zu kiloschweren für Eisenkonstruktionen, in Stücken oder soll sie mit Tonnen beziffert werden? Berücksichtigt man aber bei der Ermittlung der Gesamtproduktion, sei es eines einzelnen Unternehmens, sei es einer ganzen Volkswirtschaft, und insbesondere bei der Berechnung der Produktionssteigerung den Wert der erzeugten Güter, wird die Zunahme des Produktionsvolumens durch etwaige Praxisänderungen verzerrt.

L 40 In der Heide

Die Heide röstet in der Mittagshitze; zundertrocken ist sie; kommt eine leichte Brise, dann mülmt der Sand auf dem Weg; wo die Schafe hintreten, knistert alles; die Schlange, die auf der Eidechsenjagd ist, lässt das brechdürre Rentiermoos knistern.

Seit Wochen ist es schon so; alle Gräben stehen leer, die Torfstiche sind trocken, durch das Moor kann man in Schuhen gehen, der Bach kann nicht mehr weiter, das Torfmoos hat rote und blaue Hungerfarben, auf den Bruchwiesen kümmert das Gras(,) und die Heide kann nicht recht blühen.

Der alte Heinrich macht ein ernstes Gesicht; er kommt von seinem Immenzaun in der Brandheide. Da sieht es schlimm aus; viele tote Immen liegen vor den Stöcken(,) und er hatte doch immer gefüttert; aber die zu Stock flogen, hatten enge Hosen an; voriges Jahr kamen sie immer in Pumphosen. Das gibt schlechte Beute diesmal.

Im Zeichen der Bauernkriege **L 41**

Bisher waren die Bauern der Fronherrschaft mit Leib und Leben verpflichtet; sie mussten sich schmiegen und biegen; sie mussten um jede Erleichterung bitten und betteln; sie hatten kaum etwas zu beißen und zu brocken; auf Schritt und Tritt wurden sie überwacht; sie waren nicht einmal sicher in Haus und Hof; sie lebten schlecht und recht dahin und nahten ihren Herren stets demütig und wehmütig.

Nun wollten sie frank und frei, los und ledig von jedem Zwang sein; ihre Verpflichtungen waren für sie null und nichtig; der Aufstand brach an allen Ecken und Enden aus; sie waren voll Gift und Galle auf ihre Peiniger und trieben es wüst und wild mit Ihnen; für sie gab es weder Recht noch Gesetz, weder Kaiser noch König; sei fragten nicht nach Himmel und Hölle; ihre Losung war: Biegen oder Brechen; sie schlugen alles kurz und klein, plünderten Küche und Keller, aßen und tranken sich toll und voll. Ihre Herren hatten bisher in Saus und Braus gelebt, waren in Samt und Seide gegangen; jetzt sahen sie mit Hangen und Bangen, mit Zittern und Zagen die aufrührerischen Bauern nahen; sie wurden von Haus und Hof, von Heim und Herd vertrieben; sie flohen mit Sack und Pack; es wurde ihnen Schimpf und Schande, Hohn und Spott, Schand und Brand angetan; sie standen blank und bloß in der Welt; sie litten Not und Tod; sie verloren Gut und Blut, Leib und Leben, mussten sterben und verderben; selbst vor ihren Witwen und Waisen machte die Rache der Bedrückten nicht Halt.

L 42 Ein grausamer Vernichtungskampf beginnt unter den Piranhas[1]: der Starke frisst den Schwachen, der Große den Kleinen. Alle Bewohner des Landes kauen und lutschen an den Zuckerrohrstängeln: Kinder, Omas, Gauchos[2]. Plötzlich verdunkelt sich das klare, blaue Wasser, es wird grün: Unter uns sind Millionen von Sardinen. Es hüpft und zwitschert in der Pflanzenwelt von buntfarbigen Vögeln: Finken, Zeisige und prächtig gefärbte Kolibris. Man sagt nicht umsonst: Wer gut schmiert, fährt gut. Die Formen wechseln in allen Farben und Tönungen: weiß, hellgrün, graugrün, rostig bis blutrot. Und dann, wenn die Straße über den Pass klettert: das Meer mit Brandung und Klippen. Das Bohren nach dem Erdöl geschieht in fieberhafter Eile: Keine Minute wird Tag und Nacht verloren, keine Kosten werden gescheut.

Du kennst doch den Spruch: Freude, Mäßigkeit und Ruh' schließt dem Arzt die Türe zu. Im Stillen dachte er: Es kann der Frömmste nicht in Frieden leben, wenn es dem bösen Nachbarn nicht gefällt.

Meine Frau stand klitschnass im Bach, hielt die Pfanne über dem Kopf und rief mir jubelnd zu: „Komm schnell her! Ich habe Gold gefunden!"

In den Apriltagen des Jahrs 1905 berichteten die Zeitungen von einer Erdbebenkatastrophe: Heute Früh um 5.13 Uhr soll in San Franzisko ein heftiges Erdbeben stattgefunden haben.

Parteienverkehr: Dienstag, Donnerstag, Freitag.

---

[1] eine Raubfischart der südamerikanischen Gewässer

[2] berittener Viehhüter in den südamerikanischen Grasebenen

L 43 **Wandern ohne Sorgen** (Wanderregeln)

1. Achte auf die Fußpflege: geeignete Schuhe, Behandlung mit Puder und Hirschtalg! Nur mit gesunden Füßen kann man mühelos und freudig wandern!

2. Keine unbedachten Waghalsigkeiten bei Bergpartien und Skiwanderungen! Keine schwierige Tour ohne erfahrenen Führer!

3. Achte auf das Tempo und die Stetigkeit beim Gehen! Eile nicht! Vermeide Überanstrengungen ebenso wie zu langsames Gehen oder unnötiges Stehenbleiben! Nütze die kühlen Morgen- und Abendstunden!

4. Trink wenig, aber nie, wenn du erhitzt bist, und nie zu kalte Flüssigkeiten! Warme, gekochte Getränke (Kaffee, Tee, Suppe) löschen

ebenfalls den Durst und gefährden nicht die Gesundheit. Hüte dich vor unreinem Wasser!

Der Siegeszug der Kunststoffe **L 44**

Ganz gewaltig sind die Umwälzungen, welche die Kunststoffe in der Wirtschaft und in der Technik gebracht haben. Mit Recht sagen wir heute: Muss der Fenstergriff im Haus und im Fahrzeug, muss der Bedienungshebel irgendeines Gerätes unbedingt aus Metall sein? Nein. Der Kunststoff tritt hier auf den Plan und lässt sich in seinem Siegeszug nicht mehr aufhalten. Ganze Schaltbretter für Autos werden heute gepresst. Warum Porzellan für Schalter und Stecker? Warum die schweren gusseisernen Geräte in Keller und Waschküche? Weg mit dem rostenden Eisen, Kunststoffe sind gefragt! Warum an einem metallischen Handrad der Heizung die Finger verbrennen? Ein Kunststoffrad tut bessere Dienste und spart Metall. Öfen, Herde, Schreibmaschinen, Autos, Fahrräder – alles folgt dem Beispiel: Die erforderlichen Hebel und Griffe werden gepresst. Lampenfüße aus Metall gelten als veraltet; Federschalen, Schreibzeuge, selbst Zahnräder, Maschinenteile und Rohrleitungen – alles aus Kunststoff. Fast der ganze Telefonapparat wird aus Kunststoff gepresst. Einen neuen Siegeszug der Kunststoffe bringt die Rundfunkindustrie. Warum soll man die Geräte in teure Edelhölzer kleiden, wenn man den Kunststoff billiger und ebenso schön hochglänzend und gemasert herstellen kann?

Löwen im Lager **L 45**

Was war geschehen? Es ist wie ein harter, schmerzhafter Schlag in den Nacken, was mich plötzlich vom Feldbett in einem einzigen Satz gegen die offene Zelttür wirft. Kein Ruf, kein Schrei – sondern ein brüllender Donner, unter dem die Grashalme zittern und beben – machtvoller Urlaut – aber nicht aus der Weite; nahe, ganz nahe. Nur ein paar Sprünge weit vom Zelt. So nahe, dass mir das Blut in den Adern gerinnt.

Ich kauere, gebückt, erstarrt, mit angehaltenem Atem. Die Stille ist drückend, erstickend – aber in den dünnen Zeltwänden scheint noch das Echo dieses gewaltigen Gebrülls zu sitzen und nachzuzittern.

Löwen im Lager! Glasklar kommt mir zu Bewusstsein, dass es keine einzelne Großkatze sein kann, die da mitten ins Lager, zwischen die Zelte und Kisten, hereinkam auf lautlosen Pranken, denn jetzt bläht sich das dünne Segeltuch, gleichsam erschreckend vor dem donnernden Gebrüll, das aus der anderen Richtung, vom Wagen her, dagegen rollt . . .

Automatisch tasten meine Hände nach dem Stabscheinwerfer. Kühl und vertraut fühlt sich das Metall an. Ich schalte nicht ein – es war eine unwillkürliche Bewegung. Mit hastigen Fingern versuche ich(,) die flatternde Zelttür zu schließen. Da erzittert die Luft unter einem neuerlichen gewaltigen Gebrüll, dessen Dröhnen jedes Lebewesen der Wildnis verstummen und sich ducken lässt.

Drei! Drei habe ich bis jetzt gehört, denn jeder brüllte aus einer anderen Richtung. Nur eines hatten die drei Löwenschreie gemeinsam: dass sie nahe waren! So nahe, wie ich noch nie in meinem Leben einen Löwen brüllen gehört hatte.

L 46 Besonderen Luxus mit Schmuck – wie auch auf anderen Gebieten – trieben die Römer. Manche Edelsteine von besonderer Größe und Schönheit – deren Wert oft in die Millionen Dollar geht – haben eine sehr interessante Geschichte. War – wie Gerüchte behaupten – der Besitz des herrlichen Steines vielleicht mit einem Fluch verbunden? Auch die Anfänge des Skilaufes – als Fortbewegungsart im Winter – reichen tief in die Vorzeit zurück. Man wollte keine Europäer – es sei denn die der Siegermächte – in den Grenzgebieten dulden. Fritz – ein richtiger Bücherwurm – hatte den Roman in wenigen Tagen ausgelesen.

L 47 In den Liedern der Minnesänger ist wiederholt von dem „Gebende“ (die Betonung liegt auf der zweiten Silbe) der Frauen die Rede, einem breiten Band, das das Haar in Stirnhöhe umschloss. – Es gibt verschiedene Möglichkeiten(,) um aus Blumen Parfüm (auf Deutsch: wohlriechende Stoffe) herzustellen. – In späterer Zeit erreicht die Kunst der Glasbearbeitung vor allem in Byzanz (Konstantinopel) eine hohe Stufe. – In Alexandria (Ägypten) und Sidon (Phönizien) entstanden die berühmten Glasfabriken des Altertums. – Im ersten Takt des Viertaktmotors (Abwärtsbewegung des Kolbens) wird das Gas-Luft-Gemisch angesaugt; im zweiten Takt (Aufwärtsbewegung des Kolbens) wird dieses Gemisch verdichtet (komprimiert); im dritten Takt erfolgt die Zündung, der Kolben wird mit enormer Kraft nach unten gedrückt und leistet Arbeit; im vierten Takt (neuerliche Aufwärtsbewegung des Kolbens) werden die Verbrennungsgase aus dem Zylinder ausgestoßen. – Er kommt (glaube mir!) noch heute zurück. – Wie der italienische Weltreisende Marco Polo (1254–1324) berichtet, war in China schon im 13. Jahrhundert Papiergeld im Umlauf.

Das wohlfeile Mittagessen L 48

Es ist ein altes Sprichwort: „Wer andern eine Grube gräbt, fällt selbst hinein.“ Aber der Löwenwirt in einem gewissen Städtlein war schon vorher darin. Zu diesem kam ein gut gekleideter Gast. Kurz und trotzig verlangte er für „sein Geld“ eine gute Fleischsuppe. Hierauf forderte er auch ein Stück Rindfleisch und ein Gemüse für „sein Geld“. Der Wirt fragte ganz höflich, ob ihm nicht auch ein Glas Wein beliebe. „Oh, freilich, ja“, erwiderte der Gast. „Wenn ich etwas Gutes haben kann für ‚mein Geld‘.“ Nachdem er sich alles hatte wohl schmecken lassen, zog er einen abgeschliffenen Sechser aus der Tasche und sagte: „Hier, Herr Wirt, ist mein Geld.“ Der Wirt sagte: „Was soll das heißen? Seid ihr mir nicht einen Taler schuldig?“ Der Gast erwiderte: „Ich habe für keinen Taler Speise von euch verlangt, sondern für ‚mein Geld‘. Hier ist, ‚mein Geld‘. Mehr hab’ ich nicht. Habt Ihr mir zu viel dafür gegeben, so ist’s Eure Schuld.“ Dieser Einfall war eigentlich nicht weit her; es gehörte nur Unverschämtheit dazu und ein unbekümmertes Gemüt, wie es am Ende ablaufen werde. Aber das Beste kommt noch. „Ihr seid ein durchtriebener Schalk“, erwiderte der Wirt, „und hättet wohl etwas anderes verdient. Aber ich schenke Euch das Mittagessen und hier noch ein Zwanzigkreuzerstück dazu. Nur seid still zur Sache und geht zu meinem Nachbarn, dem Bärenwirt, und machte es ihm ebenso.“ Das sagte er, weil er mit seinem Nachbarn, dem Bärenwirt, aus Brotneid in Unfrieden lebte und einer dem andern jeglichen Schimpf gern antat und erwiderte. Aber der schlaue Gast griff lächelnd mit der einen Hand nach dem angebotenen Geld, mit der anderen vorsichtig nach der Tür, wünschte dem Wirt einen guten Abend und sagte: „Bei Eurem Nachbarn, dem Bärenwirt, bin ich schon gewesen(,) und der hat mich zu Euch geschickt.“

L 49 Der Bauer Wurzel findet einen Schatz

„Es war so: Vor zwei Jahren, da geh' ich so in der Dämmerung zwischen acht und neun Uhr ganz verdrießlich von meinem Krautacker nach Hause. Auf einmal macht's: ‚Pst! Pst!' Ich schau' mich um, so seh' ich quer übern Acker einen magern Mann auf mich zueilen, ein gelblichgrünes G'wandel an mit goldenen Borten, sodass ich ihn anfangs hab' für einen Leibhusaren von einer Herrschaft g'halten. Er aber bitt' mich, ich möchte niemandem etwas davon sagen, er wär' ein Geist, und durch die Borten wollt' er mir andeuten, wie außerordentlich er für mich bortiert wär'. Kurz, er wär' der Neid und wollt' mich glücklich machen.

Er sagte, er hätt' einen Schatz, den er gerne los sein möcht', und den wollt' er mir schenken, ich müsste aber in die Stadt ziehen und recht aufhauen damit(,) und besonders das Madel soll ich recht herausstaffieren und sollt's ja nicht zugeben, dass sie den Fischer heirat'. Soll mich aber nie unterstehen zu sagen, dass ich mein Glück verwünsche, sonst verschwindet alles(,) und ich müsste betteln gehn. Jetzt möcht' ich aber gleich nach Hause gehn, der Schatz wird schon zu Hause sein. Darauf ist er unter die Krauthappeln verschwunden, und ich hab' ihn nimmer gesehn. Ich geh' also nach Haus, such's ganze Haus aus – find' nichts. Endlich kommt mir der Gedanke: Schau auf den Getreideboden hinauf! Hörst, ist dir der ganze Boden voll, und mit was? – Mit lauter Galläpfel!

Jetzt g'schieht mir recht, denk' ich mir. Was kann man vom Neid anders erwarten als Gall' und Verdruss! Komm' in Zorn und beiß' einen auf. Was ist drin! – Ein Dukaten! Ich nimm noch einen – noch einen – lauter Dukaten! Lenzl, jetzt hättest du die Beißerei sehn sollen! Ich kann sagen, ich hab' mir mein Vergnügen bitter erworben. Vierzehn Tag' nichts als Galläpfel aufbeißen – das wird doch eine hantige Arbeit sein.

Wort- und Sachregister

Die Zahlen geben die Seiten an

Karl A. Dostal

Der deutsche Aufsatz, I. Teil

17. erweiterte und verbesserte Auflage (nach den neuen Rechtschreibregeln), celloglaskaschiert, 384 Seiten

Ein tausendfach bewährtes Lehr- und Übungsbuch: Arbeitsanleitung für Schüler, 300 Diktate aus Dichtung und Sachunterricht, Kennzeichnung des Schwierigkeitsgrades jeder Übung, Lückentexte zum Einsetzen, Schulung des Sprachgefühls durch Gegenüberstellung von Richtigem und Falschem, Ausdrucksübungen, Gliederung der Ansagestoffe nach Sachgebieten, klare und übersichtliche Anordnung des Inhalts.
Ein bewährter Helfer im häuslichen Nachholunterricht ab der 5. Schulstufe.

Der deutsche Aufsatz, II. Teil

18. erweiterte und verbesserte Auflage (nach den neuen Rechtschreibregeln), celloglaskaschiert, 336 Seiten

Ein ausgezeichneter Behelf zur Erlernung des Aufsatzschreibens. In diesem Buch findet der Lehrer methodische Anregungen, der Studierende Stilratschläge für jede Aufsatzgattung, ausgearbeitete Schüleraufsätze als Beispiel, Gliederungen und eine reiche Sammlung von Aufsatzthemen verschiedener Schwierigkeitsstufen. Unentbehrlich für Schüler ab der 5. Schulstufe bis zur Reifeprüfung. Bewährt in der Erwachsenenbildung.

Karl A. Dostal/Irene Nieszner

Rechtschreiben macht Spaß

Diktate für die 2. bis 4. Schulstufe

3. Auflage (nach den neuen Rechtschreibregeln), 125 Seiten, celloglaskaschiert

Ein Arbeitsbuch für Volksschulen, zum Teil in Schulschrift.